FRANCE RUGBY

...go+Image

Ouvrage dirigé par Donovan Villemonteil

34-36, rue La Pérouse
75116 Paris
www.hugopublishing.fr

ISBN : 9782755668421
Dépôt légal : octobre 2023
Imprimé en Chine

FRANCE
RUGBY

Le rugby est l'école de la vie. On y apprend à gagner et à perdre. À se relever, toujours. Mais on y apprend surtout à se faire des copains. À ne jamais être seul et à compter sur les autres. Oui, le rugby est le sport collectif le moins individuel du monde.

Parce que le rugby a une riche histoire et parce que celle-ci peut être complexe à appréhender pour des néophytes, nous avons voulu vous proposer une éphéméride ludique. Vous retrouverez ainsi, jour après jour, des informations sur l'histoire de la Coupe du monde, dont l'édition 2023 s'est disputée en France, sur le Tournoi des Six Nations, sur les records du monde du rugby et tant d'autres choses. Parce que le rugby ne laisse personne de côté, une petite rubrique encyclopédie permettra aux moins initiés d'entre vous d'apprendre le surnom des équipes ou d'obtenir un éclaircissement sur les règles du jeu.

PLACE AU JEU !

JOUEUR

FRANCE RUGBY

Gareth Edwards

Demi de mêlée aux 53 sélections avec le pays de Galles, il est considéré comme le plus grand joueur de rugby de l'histoire, remportant 7 Tournois des Cinq Nations.

1er JANVIER

8 h 44 17 h 04

Jour de l'an

FRANCE
RUGBY

CITATION

FRANCE RUGBY

« Le pilier droit de l'Afrique du Sud, c'est un Laguiole, il se plie comme un canif. »
– Vincent Moscato

2
JANVIER
8 h 44 17 h 05
St Basile

FRANCE
RUGBY

FRANCE RUGBY

Le rugby a été codifié
et uniformisé en 1871.

3
JANVIER
8 h 44 17 h 06
Ste Geneviève

FRANCE
RUGBY

CHIFFRE

FRANCE
RUGBY

118

Le nombre de sélections
de Fabien Pelous,
joueur le plus capé de l'histoire
de l'équipe de France.

4
JANVIER
8 h 44 17 h 07
St Odilon

FRANCE
RUGBY

COUPE DU MONDE

FRANCE
RUGBY

La première édition de la Coupe du monde a eu lieu en 1987, plus de 100 ans après la création du rugby !

5
JANVIER
8 h 44 — 17 h 09
St Édouard

FRANCE
RUGBY

TOURNOI

FRANCE
RUGBY

Un match dure 80 minutes.
Mais en 2017, l'équipe de France a gagné la rencontre du Tournoi masculin face au pays de Galles à la 100e minute !

6
JANVIER
8 h 44 17 h 10
Épiphanie • Ste Mélaine

FRANCE
RUGBY

ENCYCLOPEDIE

FRANCE
RUGBY

Un essai de pénalité peut être accordé si l'équipe qui défend commet volontairement une faute d'anti-jeu. Cet essai vaut 7 points.

7
JANVIER
☀ 8h43 ☀ 17h11
St Raymond

FRANCE
RUGBY

JOUEUR

FRANCE RUGBY

Jean Prat

Troisième ligne, il fut capitaine de l'équipe de France lors des deux premières victoires dans le Tournoi des Cinq Nations, en 1954 et 1955.

8
JANVIER
☀ 8 h 43 ☀ 17 h 12
St Lucien

FRANCE
RUGBY

CITATION

FRANCE
RUGBY

« Heureusement qu'il y avait mon nez,
sinon je l'aurai pris dans la gueule. »
– Walter Spanghero

9
JANVIER

8 h 43 17 h 13

Ste Alix

FRANCE
RUGBY

FRANCE RUGBY

La Calcutta Cup, disputée chaque année, est remise au vainqueur de la rencontre entre l'Écosse et l'Angleterre.

10 JANVIER

8 h 42 17 h 15

St Guillaume

FRANCE
RUGBY

CHIFFRE

FRANCE RUGBY

2

Avec deux médailles d'or en 1920 et 1924, les États-Unis sont le pays le plus titré aux Jeux olympiques en rugby à XV !

11 JANVIER

8 h 42 17 h 16

St Paulin

FRANCE
RUGBY

COUPE DU MONDE

FRANCE
RUGBY

La Nouvelle-Zélande (1987, 2011 et 2015) et l'Afrique du Sud (1995, 2007 et 2019) ont gagné la Coupe du monde à 3 reprises.

12
JANVIER
8 h 41 17 h 17
Ste Tatiana

FRANCE
RUGBY

TOURNOI

FRANCE
RUGBY

L'équipe de France a remporté pour la première fois le Tournoi des Cinq Nations masculin en 1954, une victoire partagée avec l'Angleterre et le pays de Galles.

13
JANVIER

8 h 41 17 h 19

Ste Yvette

FRANCE
RUGBY

FRANCE
RUGBY

La passe doit toujours être effectuée en arrière. Sinon, il y a « en avant » et l'arbitre siffle une mêlée pour l'équipe qui défendait.

14
JANVIER
8 h 40 17 h 20
Ste Nina

FRANCE
RUGBY

FRANCE RUGBY

John Eales

Deuxième ligne australien,
il avait la particularité de frapper
les pénalités et les transformations.
Il entre au Temple de la renommée
World Rugby en 2007.

15
JANVIER
8h39 17h21
St Rémi

FRANCE
RUGBY

CITATION

FRANCE
RUGBY

« Huit joueurs forts et actifs,
deux légers et rusés, quatre grands rapides,
et un dernier, modèle de flegme
et de sang-froid. Le rugby, c'est la proportion
idéale entre les hommes. »

– Jean Giraudoux

16
JANVIER
8 h 39 17 h 23
St Marcel

FRANCE
RUGBY

HISTOIRE

FRANCE
RUGBY

Le premier club français
(Le Havre Athletic Club)
a vu le jour en 1872.

17
JANVIER

8 h 38 17 h 24

Ste Roseline

FRANCE
RUGBY

CHIFFRE

167

C'est en kilos le poids du rugbyman le plus lourd de l'histoire. Il s'agit du Fidjien Bill Cavubati.

18
JANVIER
8 h 37 17 h 26
Ste Prisca

FRANCE
RUGBY

COUPE DU MONDE

FRANCE
RUGBY

La France s'est inclinée 3 fois en finale de Coupe du monde, sans jamais remporter le titre.

19
JANVIER

8 h 36 17 h 27

St Marius

FRANCE
RUGBY

TOURNOI

FRANCE
RUGBY

L'ancêtre du Tournoi s'appelait le Tournoi britannique. La première édition, alors disputée entre l'Angleterre, le pays de Galles, l'Écosse et l'Irlande, a eu lieu en 1884.

20
JANVIER
8 h 35 17 h 29
St Sébastien

FRANCE
RUGBY

FRANCE
RUGBY

Un maul est constitué par un joueur debout portant le ballon, un ou plusieurs adversaires et un ou plusieurs coéquipiers.
Les joueurs de l'équipe attaquante doivent être sur leurs pieds et avancer vers la ligne de but adverse, sinon l'arbitre ordonne une mêlée pour l'équipe qui défend.

21
JANVIER
8 h 34 17 h 30
Ste Agnès

FRANCE
RUGBY

JOUEUR

FRANCE RUGBY

Martin Johnson

Capitaine de l'équipe d'Angleterre entre 1999 et 2003, il a remporté le Grand Chelem et la Coupe du monde en 2003. Il est entré au Temple de la renommée World Rugby en 2011.

22

JANVIER

8 h 33 17 h 32

St Vincent

FRANCE
RUGBY

CITATION

FRANCE RUGBY

« J'ai longtemps arpenté les chemins d'Ovalie, le territoire sans frontières des amateurs de rugby. C'est un monde où l'on se rencontre plus qu'on ne se croise. »

– Daniel Herrero

23
JANVIER
8 h 32 – 17 h 33
St Barnard

FRANCE
RUGBY

HISTOIRE

FRANCE
RUGBY

Entre 1875 et 1886, l'essai valait 0 point !
Il permettait alors à l'équipe qui venait de l'inscrire « d'essayer » de marquer 1 point en tapant le ballon au-dessus d'une barre.

24
JANVIER
8 h 31 17 h 35
St François de Sales

FRANCE
RUGBY

CHIFFRE

FRANCE
RUGBY

7

En secondes, le temps qu'il a fallu au Gallois Dafydd Howells pour inscrire un essai. C'était face au Fidji, lors de la Coupe du monde des moins de 20 ans, en 2014.

25
JANVIER
8 h 30 · 17 h 36
Conversion de St Paul

FRANCE
RUGBY

FRANCE
RUGBY

En 1999, l'Écosse a joué dans un maillot aux couleurs étonnantes. Il était orange !

26
JANVIER

8 h 29 17 h 38

Ste Paule, Ste Pauline

FRANCE
RUGBY

FRANCE RUGBY

En 2001, Jonny Wilkinson a inscrit 89 points lors du Tournoi des Six Nations, le plus haut total jamais atteint dans l'histoire.

27
JANVIER
8 h 28 17 h 40
Ste Angèle

FRANCE
RUGBY

FRANCE
RUGBY

All Blacks
Surnom de l'équipe masculine
de Nouvelle-Zélande.

28
JANVIER
8 h 27 17 h 41
St Thomas d'Aquin

FRANCE
RUGBY

JOUEUR

FRANCE
RUGBY

Vincent Clerc

Deuxième meilleur marqueur d'essais français derrière Blanco, il est vice-champion du monde en 2011, année où il a terminé meilleur marqueur de la compétition avec 6 essais.

29
JANVIER
8 h 25 17 h 43
St Gildas

FRANCE
RUGBY

CITATION

FRANCE
RUGBY

« Au rugby y'a 2 belles sorties :
par saignement, et sur civière !
Et même sur la civière faut que tu montres
que t'as envie d'y retourner ! »

– Bernard Laporte

30
JANVIER
8 h 24 17 h 44
Ste Martine

FRANCE
RUGBY

FRANCE RUGBY

La légende raconte que l'inventeur du rugby est un Anglais du nom de William Webb Ellis, qui aurait pris le ballon à la main lors d'un match de football en 1823.

31
JANVIER
8 h 23 17 h 46
Ste Marcelle

FRANCE
RUGBY

CHIFFRE

FRANCE
RUGBY

410

Le poids minimum, en grammes, d’un ballon de rugby. Il peut monter jusqu’à 460 grammes.

1er
FÉVRIER

8 h 21 17 h 48

Ste Ella

FRANCE
RUGBY

FRANCE RUGBY

En 1991, les Samoas ont créé la surprise en battant le pays de Galles (16-13). Les Samoans se sont qualifiés pour les quarts de finale, tandis que les Gallois ont été éliminés dès la phase de poules.

2
FÉVRIER

8 h 20 – 17 h 49

Présentation du Seigneur

FRANCE
RUGBY

FRANCE
RUGBY

En 1931, l'équipe de France est temporairement exclue du Tournoi des Cinq Nations.

3
FÉVRIER

8 h 19 17 h 51

St Blaise

FRANCE
RUGBY

FRANCE RUGBY

Pumas

Surnom de l'équipe d'Argentine.

4

FÉVRIER

8 h 17 · 17 h 53

Ste Véronique

FRANCE
RUGBY

FRANCE
RUGBY

David Campese

Lors de la Coupe du monde 1991 remportée par les Wallabies, l'ailier Australien a été élu meilleur joueur du tournoi. Il a inscrit un total de 64 essais pour son pays. Il est entré au Temple de la renommée World Rugby en 2013.

5
FÉVRIER

8 h 16 17 h 54

Ste Agathe

FRANCE
RUGBY

CITATION

FRANCE
RUGBY

« Tu es le meilleur de nous tous.
Mais, sans toi, nous sommes tous meilleurs. »
– Lucien Mias à Amédée Domenech

6
FÉVRIER

8 h 14 17 h 56

St Gaston

FRANCE
RUGBY

HISTOIRE

FRANCE RUGBY

Le rugby tient son nom de la ville de Rugby en Angleterre. C'est là que ce sport aurait été inventé.

7
FÉVRIER
8 h 13 17 h 58
Ste Eugénie

FRANCE
RUGBY

CHIFFRE

FRANCE
RUGBY

1

L'équipe de France n'a été qu'une seule fois à la 1ère place du classement mondial. C'était du 11 au 17 juillet 2022.

8
FÉVRIER

8 h 11 17 h 59

Ste Jacqueline

FRANCE
RUGBY

FRANCE
RUGBY

Le même sifflet et la même pièce pour le *toss* sont utilisés par l'arbitre du premier match de chaque édition de la Coupe du monde. Le sifflet fut utilisé pour le premier match entre la Nouvelle-Zélande et l'Angleterre en 1905.

9
FÉVRIER

8h10 18h01

Ste Apolline

FRANCE
RUGBY

TOURNOI

FRANCE RUGBY

En 1973, les 5 équipes ont terminé la compétition avec le même nombre de points et de victoires (2). Cette année-là, toutes les équipes ont donc gagné le Tournoi.

10

FÉVRIER

8 h 08 18 h 03

St Arnaud

FRANCE
RUGBY

FRANCE
RUGBY

Trois-quarts

Désigne les quatre joueurs placés derrière les deux demis et devant l'arrière, c'est-à-dire les deux centres et les deux ailiers.

11
FÉVRIER
8 h 06 18 h 04
Notre-Dame de Lourdes

FRANCE
RUGBY

JOUEUR

FRANCE RUGBY

Arthur Gould

Ce Gallois a disputé 27 matches entre 1885 et 1897, un nombre impressionnant à une époque où l'on disputait rarement plus de 3 matches par an. Il a été l'une des premières vedettes du rugby.

12
FÉVRIER
8 h 05 18 h 06
St Félix

FRANCE
RUGBY

CITATION

FRANCE RUGBY

« Un joueur phare, c'est quelqu'un qui est là pour éclairer, pas pour éblouir. »

– Jean-Pierre Élissalde

13
FÉVRIER

8 h 03 18 h 08

Ste Béatrice

FRANCE
RUGBY

Le film *Invictus*, sorti en 2010, retrace le parcours de l'équipe d'Afrique du Sud lors de la Coupe du monde 1995.

14
FÉVRIER
8h01 18h09
St Valentin

FRANCE
RUGBY

CHIFFRE

FRANCE
RUGBY

87

Le nombre de points inscrits par l'équipe de France face à la Namibie en 2007, plus large victoire de son histoire (87-10).

FRANCE
RUGBY

FRANCE RUGBY

La Nouvelle-Zélande a remporté la première Coupe du monde en battant la France en finale (29-9).

16 FÉVRIER

7 h 58 18 h 12

Ste Julienne

FRANCE
RUGBY

FRANCE
RUGBY

En 1962, les Irlandais ont refusé d'affronter le pays de Galles, ces derniers étant victimes d'une épidémie de varicelle. Le match s'est finalement déroulé 7 mois plus tard.

17
FÉVRIER
7 h 56 18 h 14
St Alexis

FRANCE
RUGBY

FRANCE
RUGBY

En 1971, l'essai valait 4 points
dans l'hémisphère nord
et 3 dans l'hémisphère sud !

18
FÉVRIER
7 h 54 18 h 16
Ste Bernadette

FRANCE
RUGBY

FRANCE
RUGBY

Richie McCaw

Élu trois fois meilleur joueur de l'année, il est devenu en 2015 le premier capitaine à soulever 2 Coupes du monde. Il a remporté également 7 fois le Tri-Nations.

19
FÉVRIER

7 h 53 18 h 17

St Gabin

FRANCE
RUGBY

FRANCE
RUGBY

« Le rugby doit d'abord rester
l'art de bien passer sa jeunesse. »
– André Alvarez

20
FÉVRIER
7 h 51 18 h 19
Ste Aimée

FRANCE
RUGBY

FRANCE RUGBY

L'Écosse et l'Angleterre ont disputé la première rencontre internationale de l'histoire (victoire de l'Écosse 4-1).

21
FÉVRIER
7h49 18h21
St Pierre-Damien

FRANCE
RUGBY

CHIFFRE

FRANCE
RUGBY

3

Le Français Antoine Dupont a été désigné meilleur joueur du Tournoi masculin à 3 reprises (2020, 2022 et 2023). Seul l'Irlandais Brian O'Driscoll a réussi pareil exploit (2006, 2007, 2009).

22
FÉVRIER
7 h 47 18 h 22
Ste Isabelle

FRANCE
RUGBY

COUPE DU MONDE

FRANCE
RUGBY

Jonah Lomu (1999), Bryan Habana (2007) et Julian Savea (2015) partagent le record du nombre d'essais marqués au cours d'un seul tournoi (8).

23
FÉVRIER
7 h 45 18 h 24
St Lazare

FRANCE
RUGBY

TOURNOI

FRANCE
RUGBY

Contre l'Irlande, lors du Tournoi 1984, le Français Jean-Pierre Garuet est devenu le premier tricolore expulsé au cours d'une rencontre.

24
FÉVRIER

☀ 7 h 43 ☀ 18 h 25

St Modeste

FRANCE
RUGBY

FRANCE
RUGBY

Wallabies
Surnom de l'équipe d'Australie.

25
FÉVRIER
7 h 41 18 h 27
St Roméo

FRANCE
RUGBY

JOUEUR

FRANCE
RUGBY

Gérard Cholley

Ce joueur de 1 mètre 93 est l'un des plus grands piliers de l'histoire de l'équipe de France. Il a remporté le Grand Chelem en 1977.

26
FÉVRIER

7 h 39 18 h 29

St Nestor

FRANCE
RUGBY

CITATION

FRANCE RUGBY

« Un vrai coup de godasse sur un type à terre, c'est encore plus dur à donner qu'à recevoir. »

– André Herrero

27

FÉVRIER

7 h 37 18 h 30

Ste Honorine

FRANCE
RUGBY

HISTOIRE

FRANCE RUGBY

En 2002, Fabien Galthié est élu meilleur joueur du monde. Il est le premier français à obtenir cette récompense, décernée pour la première fois l'année précédente.

28

FÉVRIER

7 h 36 18 h 32

St Romain

FRANCE
RUGBY

CHIFFRE

FRANCE
RUGBY

77,7

La longueur en mètres du plus long drop de l'histoire, œuvre du Sud-Africain Gerard Hamilton. Un exploit quand on sait que ce record date de... 1932 !

29
FÉVRIER
7 h 35 18 h 33
St Auguste

FRANCE
RUGBY

FRANCE RUGBY

Jonny Wilkinson détient le record du nombre de points inscrits en Coupe du monde (277).

1er MARS

7 h 34 18 h 33

St Aubin

FRANCE
RUGBY

FRANCE
RUGBY

L'équipe de France masculine a remporté 10 Grands Chelems dans son histoire. L'équipe féminine en a remporté 5.

2
MARS

7 h 32 18 h 35

St Charles le Bon

FRANCE
RUGBY

FRANCE RUGBY

Springboks

Surnom de l'équipe d'Afrique du Sud.

3
MARS
7 h 30 18 h 37
St Guénolé

FRANCE
RUGBY

FRANCE
RUGBY

Benoît Dauga

Deuxième ou troisième ligne, il a disputé 63 matches avec les Bleus. Il a remporté 3 Tournois des Cinq Nations, dont un Grand Chelem. Il est surnommé « Le Grand Ferré », en hommage à un héros du Moyen Âge.

4
MARS
7 h 28 18 h 38
St Casimir

FRANCE
RUGBY

CITATION

FRANCE
RUGBY

« Il fallait être Anglais pour inventer le rugby. Qui d'autre aurait pu penser à un ballon ovale ? »

– Pierre Mac Orlan

5
MARS
7 h 26 18 h 40
Ste Olive

FRANCE
RUGBY

HISTOIRE

FRANCE RUGBY

Plusieurs sports sont à l'origine du rugby. On peut citer la soule, le calcio et le folk football.

6
MARS
7 h 24 18 h 41
Ste Colette

FRANCE
RUGBY

FRANCE
RUGBY

94

En mètres, la longueur minimale officielle d'un terrain de rugby. Elle peut monter jusqu'à 100 mètres.

7
MARS
7 h 22 18 h 43
Ste Félicité

FRANCE
RUGBY

FRANCE
RUGBY

En demi-finale de la Coupe du monde 1999, la France a renversé l'ogre néo-zélandais (43-31) dans ce qui fut un des plus beaux matches de l'histoire de la compétition.

8
MARS
7h19 18h44
St Jean de Dieu

FRANCE
RUGBY

TOURNOI

FRANCE
RUGBY

L'équipe de France a disputé son premier Tournoi des Cinq Nations masculin en 1910.

9
MARS

7 h 17 18 h 46

Ste Françoise

FRANCE
RUGBY

ENCYCLOPEDIE

FRANCE
RUGBY

L'équipe qui remporte la Coupe du monde soulève le trophée William Webb Ellis.

10
MARS
7 h 15 18 h 48
St Vivien

FRANCE
RUGBY

JOUEUR

FRANCE
RUGBY

Jean-Claude Skrela

Troisième ligne aile, il fait partie de l'équipe victorieuse du Grand Chelem 1977. Il dirige l'équipe de France finaliste de la Coupe du monde 1999.

11
MARS
7 h 13 18 h 49
Ste Rosine

FRANCE
RUGBY

CITATION

FRANCE
RUGBY

« Les Anglais ont inventé le rugby,
les autres l'ont bien amélioré. »
– Claude Spanghero

12
MARS
7 h 11 18 h 51
Ste Justine

FRANCE
RUGBY

FRANCE
RUGBY

L'équipe des Barbarians a été fondée en 1890. Cette équipe est composée d'internationaux (à l'exception d'un joueur) de tous les pays. L'équipe privilégie un jeu tourné vers l'attaque, fait de spontanéité et de prises de risque.

13
MARS
7 h 09 18 h 52
St Rodrigue

FRANCE
RUGBY

CHIFFRE

FRANCE RUGBY

1,62

C'est la taille de Jean Gachassin, le plus petit joueur à avoir été sélectionné en équipe de France.

14
MARS
7 h 07 18 h 54
Ste Mathilde

FRANCE
RUGBY

FRANCE
RUGBY

Grant Fox détient le record du nombre de points inscrits sur une seule édition (126). Ce record a été établi en 1987.

15
MARS
7h05 18h55
Ste Louise

FRANCE
RUGBY

FRANCE
RUGBY

Depuis son entrée dans le Tournoi masculin, l'Italie a terminé 18 fois à la dernière place, en 24 éditions.

16
MARS
7 h 03 18 h 57
Ste Bénédicte

FRANCE
RUGBY

FRANCE RUGBY

Black Ferns
Surnom donné aux joueuses de l'équipe de Nouvelle-Zélande.

17
MARS
7 h 01 18 h 58
St Patrick

FRANCE
RUGBY

JOUEUR

FRANCE
RUGBY

Agustín Pichot

Demi de mêlée argentin,
il est surnommé le « Petit Napoléon »
pour sa capacité à diriger le jeu.
Il a été capitaine lors de la Coupe
du monde 2007, année où l'Argentine
a terminé 3e.

18
MARS
6 h 59 19 h 00
St Cyrille

FRANCE
RUGBY

FRANCE RUGBY

« On prend goût aux douleurs
que le rugby provoque.
Un match qui ne fait pas mal
est un match raté. »
– Walter Spanghero

19
MARS
6 h 57 19 h 01
St Joseph

FRANCE
RUGBY

HISTOIRE

FRANCE RUGBY

L'équipe de France a disputé
sa toute première rencontre internationale
le 1er janvier 1906 face à la Nouvelle-Zélande
(défaite 38-8).

20
MARS

6 h 55 19 h 03

Printemps • St Herbert

FRANCE
RUGBY

FRANCE
RUGBY

387

Le nombre de matches qu'a disputé Thibaut Privat en première division.

21
MARS
6 h 52 19 h 04
Ste Clémence

FRANCE
RUGBY

FRANCE
RUGBY

En 1999, le Sud-Africain Jannie De Beer a passé 5 drops lors du quart de finale opposant l'Afrique du Sud à l'Angleterre (44-21).

22
MARS
6 h 50 19 h 06
Ste Léa

FRANCE
RUGBY

TOURNOI

FRANCE
RUGBY

En 2009, l'équipe masculine d'Irlande a réalisé le deuxième Grand Chelem de son histoire. Le premier datait de 1948.

23
MARS

6 h 48 19 h 07

St Victorien

FRANCE
RUGBY

ENCYCLOPEDIE

FRANCE
RUGBY

Pagelles

Ce sont les poteaux ! Ils sont séparés de 5,6 mètres, et la barre horizontale est placée à une hauteur de 3 mètres.

24
MARS

6 h 46 — 19 h 09

Ste Catherine de Suède

FRANCE
RUGBY

JOUEUR

FRANCE
RUGBY

Danie Craven

Ce demi de mêlée sud-africain titulaire de 3 doctorats a été un farouche opposant à l'apartheid. Également entraîneur, puis dirigeant, il est entré au Temple de la renommée World Rugby en 2007.

25
MARS

6 h 44 19 h 10

St Humbert

FRANCE
RUGBY

CITATION

FRANCE
RUGBY

« Le rugby, c'est l'histoire d'un ballon
avec des copains autour
et quand il n'y a plus de ballon,
il reste les copains. »
– Jean-Pierre Rives

26
MARS

6 h 42 19 h 12

Ste Larissa

FRANCE
RUGBY

FRANCE RUGBY

En 2021, Antoine Dupont a été élu meilleur joueur du monde. C'est le 3e français lauréat.

FRANCE
RUGBY

CHIFFRE

FRANCE
RUGBY

25

Le nombre d'essais qu'a inscrit Christophe Dominici en équipe de France.

28
MARS
6 h 38 19 h 15
St Gontran

FRANCE
RUGBY

FRANCE RUGBY

À deux reprises, la finale de la Coupe du monde n'a vu aucune des deux équipes inscrire d'essai (1995 et 2007).

29
MARS
7 h 36 20 h 16
Ste Gladys

FRANCE
RUGBY

FRANCE RUGBY

En 2007, l'équipe d'Irlande a disputé ses rencontres à domicile à Croke Park, l'antre des sports gaéliques.

30

MARS

7 h 33 20 h 18

St Amédée

FRANCE
RUGBY

FRANCE
RUGBY

Ruck

Phase statique successive à un plaquage. Les soutiens doivent venir de leur camp et rester debout pour récupérer le ballon, en le ramassant ou en poussant dans l'axe.

31
MARS
7 h 31 20 h 19
Pâques • St Benjamin

FRANCE
RUGBY

JOUEUR

FRANCE
RUGBY

Philippe Sella

Trois-quart centre, il a été le premier joueur de l'histoire à totaliser 100 sélections. Il est entré au Temple de la renommée World Rugby en 2008.

1er
AVRIL

☀ 7 h 29 ☀ 20 h 21

Lundi de Pâques • St Hugues

FRANCE
RUGBY

CITATION

FRANCE
RUGBY

« Le football est un sport de gentlemen pratiqué par des voyous et le rugby est un sport de voyou pratiqué par des gentlemen. »

– Henry Blaha

2
AVRIL

7 h 27 20 h 22

Ste Sandrine

FRANCE
RUGBY

FRANCE
RUGBY

L'équipe de France a obtenu sa première victoire internationale face à l'Écosse en 1911 (16-15).

3
AVRIL
7 h 25 20 h 24
St Richard

FRANCE
RUGBY

CHIFFRE

FRANCE
RUGBY

101

Le nombre d'essais inscrits par Vincent Clerc en première division.

4
AVRIL
7 h 23 20 h 25
St Isidore

FRANCE
RUGBY

FRANCE
RUGBY

L'Australie a remporté la deuxième Coupe du monde, en 1991, en battant l'Angleterre en finale (12-6).

5
AVRIL
7 h 21 20 h 27
Ste Irène

FRANCE
RUGBY

TOURNOI

FRANCE
RUGBY

L'Anglais Cyril Nelson Lowe et l'Écossais Ian Scott Smith détiennent le record du nombre d'essais inscrits dans un seul Tournoi masculin (8). Ces chiffres ont été atteints en 1914 et en 1925 !

6
AVRIL

7 h 19 20 h 28

St Marcellin

FRANCE
RUGBY

FRANCE
RUGBY

En 1992, l'International Rugby Board a instauré le décompte des points que l'on connaît encore aujourd'hui : 5 points pour un essai, 2 pour une transformation, 3 pour une pénalité ou un drop.

7
AVRIL
7 h 17 20 h 30
St Jean-Baptiste de La Salle

FRANCE
RUGBY

JOUEUR

FRANCE
RUGBY

Farah Palmer

Sélectionnée à 35 reprises avec les Black Ferns, elle n'a perdu qu'une seule rencontre en 10 ans ! Elle est entrée au Temple de la renommée World Rugby en 2014.

8
AVRIL
7 h 15 20 h 31
Ste Julie

FRANCE
RUGBY

CITATION

FRANCE
RUGBY

« Dans une équipe de rugby, il n’y a pas de passagers, il n’y a qu’un équipage. »
– Pierre Villepreux

9
AVRIL
☀ 7 h 13 ☀ 20 h 33
St Gauthier

FRANCE
RUGBY

HISTOIRE

FRANCE RUGBY

L'équipe du Japon était surnommée The Cherry Blossoms jusqu'en 2003, date à laquelle elle a changé de surnom pour celui de The Brave Blossoms.

10

AVRIL

7 h 11 20 h 34

St Fulbert

FRANCE
RUGBY

CHIFFRE

FRANCE
RUGBY

31

Lors de leur première tournée en Europe, en 1905 et 1906, les All Blacks ont disputé 31 matches en Grande-Bretagne et en France. Ils n'ont perdu qu'une seule rencontre, face au pays de Galles.

11
AVRIL
7 h 09 20 h 36
St Stanislas

FRANCE
RUGBY

COUPE DU MONDE

FRANCE RUGBY

L'équipe de France a terminé à la 3e place de la Coupe du monde féminine à 7 reprises.

12
AVRIL
7 h 07 20 h 37
St Jules

FRANCE
RUGBY

TOURNOI

FRANCE
RUGBY

En 1977, l'équipe de France remporte le Grand Chelem lors du Tournoi des Cinq Nations masculin. Fait historique : elle n'a encaissé aucun essai et a joué tous les matches avec les quinze mêmes joueurs.

13
AVRIL
7h05 20h39
Ste Ida

FRANCE
RUGBY

FRANCE RUGBY

Le XV du Trèfle

Surnom de l'équipe d'Irlande.

FRANCE
RUGBY

FRANCE RUGBY

Daniel Dubroca

Talonneur, il compte 33 sélections en équipe de France. Il dispute également en 1980 le premier match de l'histoire des Barbarians français, contre l'Écosse.

15

AVRIL

7 h 01 20 h 42

St Paterne

FRANCE
RUGBY

CITATION

FRANCE
RUGBY

« J'aurais aimé être un All Black.
Ça doit être bien de mettre
des branlées à tout le monde. »
– Christophe Juillet

16
AVRIL

6 h 59 20 h 43

St Benoît-Joseph

FRANCE
RUGBY

FRANCE
RUGBY

Le premier match international
de l'équipe de France féminine a été remporté
4-0 par les Bleues face aux Pays-Bas.

17
AVRIL

☀ 6 h 57 ☀ 20 h 45

St Anicet

FRANCE
RUGBY

CHIFFRE

FRANCE RUGBY

4

Le nombre de titre de championne du monde universitaire détenus par l'équipe de France (1992, 1996, 1998 et 2000).

18
AVRIL

6 h 55 20 h 46

St Parfait

FRANCE
RUGBY

FRANCE
RUGBY

En 2007, la Namibie était l'équipe la moins bien placée du classement de l'IRB à participer à la Coupe du monde (28e).

19
AVRIL
6 h 53 20 h 48
Ste Emma

FRANCE
RUGBY

FRANCE RUGBY

La France a remporté son premier Grand Chelem en 1968.

20
AVRIL
6 h 51 20 h 49
Ste Odette

FRANCE
RUGBY

FRANCE
RUGBY

Le XV du Chardon
Surnom de l'équipe d'Écosse.

21
AVRIL
6 h 49 20 h 51
St Anselme

FRANCE
RUGBY

FRANCE
RUGBY

Anna Richards

Elle a disputé 4 Coupes du monde, toutes remportées avec les Black Ferns ! Elle est entrée au Temple de la renommée World Rugby en 2014.

22
AVRIL
6 h 47 20 h 52
St Alexandre

FRANCE
RUGBY

CITATION

FRANCE
RUGBY

« Si on prend des coups sans les rendre, c'est terminé, le match est perdu ! »

– Richard Astre

23
AVRIL
6 h 45 20 h 54
St Georges

FRANCE
RUGBY

HISTOIRE

FRANCE
RUGBY

Le premier ballon de rugby fut confectionné en 1835 par le cordonnier William Gilbert.

24
AVRIL
6 h 43 20 h 55
St Fidèle

FRANCE
RUGBY

CHIFFRE

FRANCE
RUGBY

60

Le nombre record de transformations inscrites par Christophe Lamaison en équipe de France.

25
AVRIL
6 h 42 20 h 57
St Marc

FRANCE
RUGBY

COUPE DU MONDE

FRANCE
RUGBY

La finale de la Coupe du monde 2015 ayant opposé la Nouvelle-Zélande et l'Australie fut la plus prolifique de l'histoire.
La Nouvelle-Zélande s'imposa 34-17.

26
AVRIL
6 h 40 20 h 58
Ste Alida

FRANCE
RUGBY

TOURNOI

FRANCE
RUGBY

En 2001, l'Angleterre a remporté son match face à l'Italie sur le score de 80 à 23. C'est le plus grand nombre de points inscrits par une équipe au cours d'un match du Tournoi masculin.

27
AVRIL

6 h 38 21 h 00

Ste Zita

FRANCE
RUGBY

FRANCE
RUGBY

Triple couronne

Série de trois victoires d'une des quatre équipes issues des îles Britanniques dans le Tournoi des Six Nations.

FRANCE
RUGBY

JOUEUR

FRANCE
RUGBY

Wilson Whineray
Capitaine lors de 30 de ses 32 sélections, ce Néo-Zélandais est considéré comme l'un des meilleurs piliers de l'histoire. Il est intronisé au Temple de la renommée World Rugby en 2007.

29
AVRIL

6 h 34 21 h 02

Ste Catherine de Sienne

FRANCE
RUGBY

CITATION

FRANCE
RUGBY

« Il n'y a pas, dans la vie,
de plus belle maîtresse
que l'équipe de France. »
– Pierre Villepreux

30
AVRIL
6 h 33 21 h 04
St Robert

FRANCE
RUGBY

FRANCE
RUGBY

L'équipe d'Irlande de rugby est en réalité composée de joueurs provenant de 2 nations : l'Irlande et l'Irlande du Nord.

1er
MAI

6 h 31 21 h 05

Fête du travail • St Jérémy

FRANCE
RUGBY

FRANCE
RUGBY

2

Le nombre de finales disputées lors de la saison 1948-1949 du championnat de France : le premier match s'étant terminé sur une égalité, il a été rejoué.

2
MAI
6 h 29 21 h 07
St Boris

FRANCE
RUGBY

FRANCE
RUGBY

La Coupe du monde 1991 s'est déroulée au Royaume-Uni (Angleterre, Écosse, pays de Galles), en Irlande et en France.

3
MAI
6 h 28 21 h 08
St Philippe

FRANCE
RUGBY

FRANCE
RUGBY

Avec l'intégration de l'Italie en 2000, le Tournoi des Cinq Nations masculin est devenu le Tournoi des Six Nations.

4
MAI
6 h 26 21 h 10
St Sylvain

FRANCE
RUGBY

FRANCE RUGBY

Avants

Les 8 joueurs du pack. Ils forment les mêlées et les touches, et sont toujours au plus près des regroupements.

5

MAI

6 h 24 21 h 11

Ste Judith

FRANCE
RUGBY

JOUEUR

FRANCE
RUGBY

Émile Ntamack

Surnommé « la Panthère noire », ce trois-quart a suscité l'admiration de Jonah Lomu. Son fils Romain joue également en équipe de France.

6
MAI

6 h 23 21 h 13

Ste Prudence

FRANCE
RUGBY

FRANCE
RUGBY

« Mes rares et véritables amis, je les ai cueillis comme les champignons, grâce au rugby. »

– Jacques Lepatey

7
MAI

6 h 21 21 h 14

Ste Gisèle

FRANCE
RUGBY

FRANCE RUGBY

Pierre de Coubertin a arbitré la première finale du championnat de France de rugby, en 1892.

8

MAI

6 h 20 21 h 15

Victoire 1945 • St Désiré

FRANCE
RUGBY

CHIFFRE

FRANCE
RUGBY

110

Richie McCaw a été capitaine des All Blacks à 110 reprises.

9
MAI

☀ 6 h 18 ☀ 21 h 17

Ascension • St Pacôme

FRANCE
RUGBY

FRANCE
RUGBY

Chez les femmes, les États-Unis ont remporté la première Coupe du monde de rugby, en 1991, en battant l'Angleterre en finale (19-6). La France a terminé 3e.

10
MAI
6 h 16 21 h 18
Ste Solange

FRANCE
RUGBY

TOURNOI

FRANCE RUGBY

Le Trophée Giuseppe-Garibaldi récompense le vainqueur du match entre la France et l'Italie. Si la France domine largement, l'Italie a remporté ce trophée à 2 reprises (2011 et 2013).

11
MAI

6 h 15 21 h 20

Ste Estelle

FRANCE
RUGBY

FRANCE
RUGBY

1re ligne

Elle est formée des piliers (numéros 1 et 3) et du talonneur (numéro 2). Lors des mêlées, cette ligne affronte directement la 1re ligne adverse.

12
MAI
6 h 14 21 h 21
St Achille

FRANCE
RUGBY

JOUEUR

FRANCE RUGBY

Christophe Dominici
Ailier, il a inscrit un essai légendaire au cours de la demi-finale face à la Nouvelle-Zélande lors de la Coupe du monde 1999.

13
MAI
6 h 12 21 h 22
Ste Rolande

FRANCE
RUGBY

CITATION

FRANCE
RUGBY

« Personne ne vous oblige à jouer.
Mais, si vous le faites, ce ne doit pas être à moitié.
Car le rugby est un supplément à la vie. »
– André Boniface

14
MAI
6 h 11 21 h 24
St Matthias

FRANCE
RUGBY

FRANCE
RUGBY

Il existe le rugby à XV, mais aussi le rugby à XIII, le rugby à X, le rugby à 7 et à 5.

15
MAI

6 h 09 21 h 25

Ste Denise

FRANCE
RUGBY

CHIFFRE

FRANCE
RUGBY

243 000

C'est la somme en euros dépensée par un collectionneur pour acheter le maillot de Dave Gallaher, ce qui en fait le maillot le plus cher de l'histoire.

16
MAI
6 h 08 21 h 26
St Honoré

FRANCE
RUGBY

FRANCE RUGBY

L'Anglais Jason Leonard détient le record du nombre de matches disputés en Coupe du monde (22).

17
MAI

6 h 07 21 h 28

St Pascal

FRANCE
RUGBY

FRANCE
RUGBY

Le 17 mars 1990, Flowers of Scotland, l'hymne écossais, a résonné pour la première fois dans le Tournoi des Cinq Nations masculin. Auparavant, c'était l'hymne anglais qui était joué !

18
MAI

6 h 06 21 h 29

St Éric

FRANCE
RUGBY

FRANCE RUGBY

Demi d'ouverture

Le numéro 10. Il reçoit le ballon du demi de mêlée et le transmet à la ligne de trois-quarts.

19
MAI

6 h 04 21 h 30

Pentecôte • St Yves

FRANCE
RUGBY

JOUEUR

FRANCE
RUGBY

Jason Leonard

Pilier anglais, il a remporté la Coupe du monde 2003 face à l'Australie, ainsi que 4 Grands Chelems. Il a disputé 2 finales de Coupe du monde, étant également présent en 1991 !

20
MAI

6 h 03 21 h 32

Lundi de Pentecôte
St Bernardin

FRANCE
RUGBY

CITATION

FRANCE
RUGBY

« Le ballon de rugby,
c'est un œuf de pack. »
– Grégoire Lacroix

21
MAI

6 h 02 21 h 33

St Constantin

FRANCE
RUGBY

FRANCE
RUGBY

La première équipe néo-zélandaise à effectuer une tournée en Europe en 1905 est appelée les Originals.

22
MAI
6 h 01 21 h 34
St Émile

FRANCE
RUGBY

FRANCE RUGBY

11

En secondes, le temps qu'il a fallu à Thibault Lassalle pour inscrire l'essai le plus rapide de l'histoire du championnat de France.

23
MAI
6 h 00 21 h 35
St Didier

FRANCE
RUGBY

FRANCE RUGBY

L'Australie a inscrit 22 essais face à la Namibie en 2003, un record.

24

MAI

5 h 59 21 h 37

St Donatien

FRANCE
RUGBY

FRANCE
RUGBY

L'équipe masculine d'Angleterre a remporté 13 Grands Chelems dans son histoire.

25
MAI
5 h 58 21 h 38
Ste Sophie

FRANCE
RUGBY

FRANCE RUGBY

2e ligne

Les numéros 4 et 5. En général, ce sont eux qui sautent en touche. Ils sont au cœur de la mêlée.

26
MAI

5 h 57 21 h 39

Fête des mères • St Bérenger

FRANCE
RUGBY

FRANCE RUGBY

Margaret « Maggie » Alphonsi

Cette troisième ligne anglaise a remporté 7 Tournois des Six Nations féminin consécutivement, dont 6 fois en réalisant le Grand Chelem.

27
MAI
5 h 56 21 h 40
St Hildebert

FRANCE
RUGBY

CITATION

FRANCE
RUGBY

« Il ne faut pas s'étonner si un demi-ouverture ne donne que la moitié des ballons. »
– Philippe Guillard

28
MAI

5h55 21h41

St Germain

FRANCE
RUGBY

HISTOIRE

FRANCE
RUGBY

La première rencontre entre l'Angleterre et la France a eu lieu en 1906 (une défaite 35-8), trois mois après le premier match de l'histoire de l'équipe de France.

29
MAI

5 h 54 21 h 42

St Aymard

FRANCE
RUGBY

CHIFFRE

FRANCE
RUGBY

95

Le nombre de points inscrits par Clermont face à Dax en 2008, un record lors d'une rencontre dans le Top 14.

30
MAI
5 h 53 21 h 43
St Ferdinand

FRANCE
RUGBY

COUPE DU MONDE

FRANCE
RUGBY

La demi-finale de la Coupe du monde 1995 entre la France et l'Afrique du Sud s'est déroulée sous une pluie battante. Le coup d'envoi a été retardé de plus d'une heure !

31
MAI
5 h 53 21 h 44
Visitation

FRANCE
RUGBY

TOURNOI

FRANCE
RUGBY

Depuis le passage à Six Nations, aucune équipe n'a réussi à gagner 2 Grands Chelems consécutivement chez les hommes.

1er
JUIN
5 h 52 21 h 45
St Justin

FRANCE
RUGBY

FRANCE
RUGBY

Centres

Les numéros 12 et 13. Ils sont chargés de créer des espaces au milieu du terrain et de transmettre le ballon aux ailiers.

2
JUIN
5 h 51 21 h 46
Ste Blandine

FRANCE
RUGBY

JOUEUR

FRANCE
RUGBY

Olivier Magne

Troisième ligne aile, il a remporté 4 Grands Chelems et un Tournoi des Six Nations masculin.

3
JUIN

5 h 51 21 h 47

St Kevin

FRANCE
RUGBY

CITATION

FRANCE RUGBY

« Le poste de talonneur, c'est le goût du travail. Et le don de soi. Chaque dimanche on donne notre corps à la science. »

– Raphaël Ibañez

4

JUIN

5 h 50 21 h 48

Ste Clotilde

FRANCE
RUGBY

FRANCE RUGBY

Le rugby à 7 est une discipline olympique depuis 2016. Cette année-là, les Fidji se sont imposés chez les hommes, l'Australie chez les femmes. En 2020, les Fidji ont conservé leur titre chez les hommes, tandis que la Nouvelle-Zélande a remporté le titre chez les femmes.

5
JUIN
5 h 49 21 h 49
St Igor

FRANCE
RUGBY

CHIFFRE

FRANCE
RUGBY

26

La durée en heures du match le plus long de l'histoire ! Il s'agissait d'un match de charité qui a précisement duré 25 heures, 59 min et 47 sec.

6
JUIN
5 h 49 21 h 50
St Norbert

FRANCE
RUGBY

FRANCE
RUGBY

La Nouvelle-Zélande a remporté 6 fois la Coupe du monde de rugby chez les femmes, dont 4 d'affilée (de 1998 à 2010).

7
JUIN
5 h 48 21 h 51
St Gilbert

FRANCE
RUGBY

FRANCE
RUGBY

Thomas Ramos est le meilleur réalisateur français sur un Tournoi masculin, avec 84 points inscrits en 2023.

8
JUIN
5 h 48 21 h 51
St Médard

FRANCE
RUGBY

FRANCE
RUGBY

3e ligne

Composée de 2 joueurs sur les côtés (numéros 6 et 7) et 1 joueur au centre (numéro 8). Ce sont les plus gros plaqueurs et de véritables marathoniens.

9
JUIN
5 h 48 21 h 52
Ste Diane

FRANCE
RUGBY

FRANCE RUGBY

George Gregan

Ce demi de mêlée australien a formé une paire inséparable avec son compatriote Stephen Larkham. Il a remporté la Coupe du monde en 1999 et a été finaliste en 2003.

10
JUIN
5 h 47 21 h 53
St Landry

FRANCE
RUGBY

CITATION

FRANCE
RUGBY

« Accepter d'être capitaine,
c'est perdre le droit
à la facilité et à l'indulgence. »
– Jean-Pierre Rives

11
JUIN
5 h 47 21 h 53
St Barnabé

FRANCE
RUGBY

HISTOIRE

FRANCE
RUGBY

En 1961, le test-match entre la France et l'Afrique du Sud s'est terminé sur un match nul. Le score ? 0-0 !

12
JUIN
5 h 47 21 h 54
St Guy

FRANCE
RUGBY

CHIFFRE

FRANCE RUGBY

3004

Le nombre de points inscrits par Richard Dourthe, meilleur réalisateur de l'histoire du championnat de France.

13
JUIN

5 h 47 · 21 h 55

St Antoine de Padoue

FRANCE
RUGBY

COUPE DU MONDE

FRANCE
RUGBY

Lors du dernier match de la poule B en 2007, le pays de Galles a chuté face aux Fidji (38-34). Les Gallois ont été éliminés, les Fidjiens qualifiés. Une surprise énorme !

14
JUIN
5 h 47 21 h 55
St Élisée

FRANCE
RUGBY

FRANCE
RUGBY

Le stade de Twickenham a été construit en 1908, ce qui en fait le plus vieux stade encore utilisé dans le Tournoi masculin.

15
JUIN
5 h 46 21 h 56
Ste Germaine

FRANCE
RUGBY

FRANCE RUGBY

Ailiers

Ils sont 2. Ce sont les joueurs les plus rapides, chargés de terminer les actions et d'inscrire les essais.

16
JUIN

5 h 46 21 h 56

Fête des pères
St Jean-François Régis

FRANCE
RUGBY

JOUEUR

FRANCE
RUGBY

Marcel Communeau

Premier international français à dépasser le cap des 10, puis des 20 sélections, il a été capitaine de l'équipe de France à 18 reprises. C'est lui qui a instauré le coq sur le maillot.

17
JUIN

5 h 46 21 h 57

St Hervé

FRANCE
RUGBY

CITATION

FRANCE
RUGBY

« Le rugby permet aux enfants de devenir adultes et aux adultes de rester des enfants. »

– Jean-Pierre Rives

18
JUIN
5 h 46 21 h 57
St Léonce

FRANCE
RUGBY

HISTOIRE

FRANCE
RUGBY

La légende raconte qu'un journaliste anglais aurait écrit à propos des joueurs néo-zélandais : « *They are all backs* » (« Ce sont tous des arrières »). Une erreur d'impression aurait transformé l'expression en « all blacks », qui devint le surnom de l'équipe.

19
JUIN

5 h 47 21 h 57

St Romuald

FRANCE
RUGBY

CHIFFRE

FRANCE RUGBY

2

Le nombre de clubs de première division à ne jamais avoir connu la relégation. Il s'agit de Toulouse et de l'ASM Clermont Auvergne.

20
JUIN

5 h 47 21 h 57

Été • St Silvère

FRANCE
RUGBY

COUPE DU MONDE

FRANCE
RUGBY

En 1995, l'Afrique du Sud à remporté à domicile la troisième Coupe du monde de l'histoire, en battant la Nouvelle-Zélande (15-12). Un retour au premier plan sportif pour ce pays qui sortait tout juste de l'apartheid.

21
JUIN

5 h 47 21 h 58

St Rodolphe

FRANCE
RUGBY

FRANCE
RUGBY

L'Angleterre domine outrageusement le Tournoi des Six Nations féminin, avec 18 victoires, dont 16 Grands Chelems, en 27 tournois.

22
JUIN
5 h 47 21 h 58
St Alban

FRANCE
RUGBY

FRANCE
RUGBY

Squadra Azzurra
Surnom de l'équipe d'Italie.

23
JUIN
5 h 47 21 h 58
Ste Audrey

FRANCE
RUGBY

JOUEUR

FRANCE RUGBY

Nathalie Amiel

Elle a disputé son premier match en équipe de France à l'âge de 15 ans ! Elle est entrée au Temple de la renommée World Rugby en 2014.

24

JUIN

5 h 48 21 h 58

Fête nat. Québec
St Jean-Baptiste

FRANCE
RUGBY

CITATION

FRANCE
RUGBY

« Le rugby c'est le seul sport où l'on se rencontre, alors qu'ailleurs on se croise. »

– Lucien Mias

25
JUIN

5 h 48 21 h 58

St Prosper

FRANCE
RUGBY

FRANCE RUGBY

Bien qu'ils soient surnommés Les Pumas, les joueurs argentins arborent en réalité un jaguar sur leur maillot.

26

JUIN

5 h 48 · 21 h 58

St Anthelme

FRANCE
RUGBY

FRANCE
RUGBY

11

Le nombre d'essais inscrits par Vincent Clerc en Coupe du monde, record pour un joueur français.

27
JUIN
5 h 49 21 h 58
St Fernand

FRANCE
RUGBY

FRANCE RUGBY

En 2015, le Japon est devenu la première nation à être éliminée en ayant remporté 3 rencontres lors de la phase de poules de la Coupe du monde.

28
JUIN
5 h 49 21 h 58
St Irénée

FRANCE
RUGBY

TOURNOI

FRANCE
RUGBY

Le record de spectateurs pour un match du Tournoi masculin est de 104 000 spectateurs. C'était le 1er mars 1975 à Murrayfield lors du match Écosse-pays de Galles.

29
JUIN

5 h 50 21 h 58

St Pierre, St Paul

FRANCE
RUGBY

ENCYCLOPÉDIE

FRANCE
RUGBY

Marque ou arrêt de volée

Action qui consiste à récupérer le ballon dans ses 22 mètres lorsqu'il a été tapé au pied par l'adversaire. Elle donne lieu à un coup franc joué par celui qui a rattrapé la balle.

30
JUIN
5 h 50 21 h 58
St Martial

FRANCE
RUGBY

JOUEUR

FRANCE RUGBY

Pierre Villepreux

Sélectionné à 34 reprises en équipe de France entre 1967 et 1972, il est considéré comme l'un des plus grands théoriciens du rugby français.

1er
JUILLET

5 h 51 21 h 58

Fête nat. Canada
St Thierry

FRANCE
RUGBY

CITATION

FRANCE
RUGBY

« La feinte de passe est le plus beau des poissons d'avril. »
– Antoine Blondin

2
JUILLET
5 h 52 21 h 57
St Martinien

FRANCE
RUGBY

HISTOIRE

En 2018, la Française Jessy Trémoulière a remporté le titre de meilleure joueuse du monde.

3
JUILLET
5 h 52 21 h 57
St Thomas

FRANCE
RUGBY

CHIFFRE

FRANCE
RUGBY

71

Le record du nombre de points inscrits en finale du championnat de France. C'était en 2005, pour une victoire de Biarritz sur le Stade Français (37-34).

4
JUILLET
5 h 53 21 h 57
St Florent

FRANCE
RUGBY

COUPE DU MONDE

FRANCE
RUGBY

Le Néo-Zélandais Simon Culhane détient le record du nombre de points inscrits par un seul joueur en un match de Coupe du monde (45). C'était face au Japon, en 1995 (145-17).

5
JUILLET

☀ 5 h 54 ☀ 21 h 56

St Antoine

FRANCE
RUGBY

TOURNOI

FRANCE
RUGBY

L'Écosse a remporté le dernier Tournoi des Cinq Nations masculin en date, en 1999.

6
JUILLET
5 h 54 21 h 56
Ste Mariette

FRANCE
RUGBY

FRANCE RUGBY

Le XV du Poireau

Surnom de l'équipe du pays de Galles.

7
JUILLET
5h55 21h55
St Raoul

FRANCE
RUGBY

FRANCE RUGBY

Lucien Mias

Héroïque lors de la tournée victorieuse de l'équipe de France en Afrique du Sud en 1958, il a entrepris des études de médecine pendant sa carrière. Il est devenu par la suite chef de service hospitalier.

8
JUILLET
5 h 56 21 h 55
St Thibault

FRANCE
RUGBY

CITATION

FRANCE
RUGBY

« Quand le joueur est à terre,
son nez fait partie de la pelouse. »
– Walter Spanghero

9
JUILLET
5 h 57 21 h 54
Ste Amandine

FRANCE
RUGBY

HISTOIRE

FRANCE
RUGBY

À Larrivière-Saint-Savin, dans les Landes, la chapelle Notre-Dame-du-Rugby est entièrement dédiée au rugby.

10
JUILLET
5 h 58 21 h 54
St Ulrich

FRANCE
RUGBY

CHIFFRE

FRANCE
RUGBY

80

Le nombre de clubs ayant joué en première division entre 1975 et 1979, et entre 1987 et 1991.

11
JUILLET
5 h 59 21 h 53
Ste Olga, St Benoît

FRANCE
RUGBY

COUPE DU MONDE

FRANCE RUGBY

Seules cinq sélections nationales sont parvenues à se hisser en finale : la Nouvelle-Zélande, l'Australie, l'Afrique du Sud, l'Angleterre et la France.

12
JUILLET
6 h 00 · 21 h 52
St Olivier

FRANCE
RUGBY

FRANCE RUGBY

En 2005, le pays de Galles a remporté le Grand Chelem pour la première fois depuis 1978.

13
JUILLET
6 h 01 21 h 51
St Henri, St Joël

FRANCE
RUGBY

FRANCE RUGBY

Cartouche

Désigne un plaquage particulièrement puissant.

14
JUILLET
6 h 02 · 21 h 51
Fête nationale • St Camille

FRANCE
RUGBY

JOUEUR

FRANCE
RUGBY

Heather Moyse

Ailière, elle a disputé 17 rencontres avec le Canada, et a inscrit 14 essais en 2 Coupes du monde. Elle est aussi double championne olympique en bobsleigh.

15
JUILLET

6 h 03 21 h 50

St Donald

FRANCE
RUGBY

CITATION

FRANCE
RUGBY

« Ce n'est pas parce qu'il est violent
que j'aime le rugby.
C'est parce qu'il est intelligent. »
– Françoise Sagan

16
JUILLET
6 h 04 21 h 49
Notre-Dame du Mont Carmel

FRANCE
RUGBY

HISTOIRE

FRANCE
RUGBY

Dès 1947, le Français Alfred Eluère a émis l'idée d'une Coupe du monde. Elle avait alors été rejetée par l'IRB.

17
JUILLET
6 h 05 21 h 48
Ste Charlotte

FRANCE
RUGBY

FRANCE
RUGBY

36

Jonny Wilkinson a inscrit 36 drops avec l'équipe d'Angleterre.

18
JUILLET
6 h 06 21 h 4
St Frédéric

FRANCE
RUGBY

FRANCE RUGBY

À chaque fois que l'Afrique du Sud est allée en finale de la Coupe du monde, elle l'a remportée.

19
JUILLET
6 h 07 21 h 46
St Arsène

FRANCE
RUGBY

TOURNOI

FRANCE
RUGBY

Six joueurs ont réussi l'exploit d'inscrire un essai lors de chacune des rencontres du Tournoi masculin. Le Français Philippe Bernat-Salles est le seul à l'avoir fait au cours d'un Tournoi des Six Nations (2001).

20
JUILLET

6 h 08 21 h 45

Ste Marina

FRANCE
RUGBY

FRANCE
RUGBY

Avantage

Même si une faute a été commise par l'équipe qui défend, l'arbitre peut laisser l'action se poursuivre. L'équipe qui attaque a donc un « avantage ». Si l'avantage n'est pas favorable, alors l'arbitre revient à la faute commise.

21
JUILLET

☀ 6h09 ☀ 21h44

Fête nat. Belgique
St Daniel, St Victor

FRANCE
RUGBY

JOUEUR

FRANCE
RUGBY

André Boniface

Victorieux de 4 Tournois des Cinq Nations masculin, il a formé une paire de centres redoutable au côté de son frère, Guy.

22
JUILLET

6 h 11 21 h 43

Ste Marie-Madeleine

FRANCE
RUGBY

CITATION

FRANCE RUGBY

« Il y a de tout dans le rugby. Une comédie humaine pleine de sensibilité, d'espérances et de déceptions, de rires et de larmes. »

– Louis Malle

23
JUILLET
6 h 12 21 h 42
Ste Brigitte

FRANCE
RUGBY

HISTOIRE

FRANCE
RUGBY

Entre 1935 et 2001, plusieurs tournois européens ont vu le jour, organisés de manière irrégulière.

24
JUILLET
6 h 13 21 h 40
Ste Christine, Ste Ségolène

FRANCE
RUGBY

CHIFFRE

30

L'Angleterre détient le record du nombre de victoires consécutives chez les femmes (30). L'Angleterre et la Nouvelle-Zélande détiennent le record chez les hommes (18).

25
JUILLET
6 h 14 21 h 39
St Jacques

FRANCE
RUGBY

FRANCE
RUGBY

La Coupe du monde 2019 a été la première à se dérouler sur le continent asiatique.

26
JUILLET

6 h 15 – 21 h 38

Ste Anne, St Joachim

FRANCE
RUGBY

FRANCE
RUGBY

Le pays de Galles a remporté 12 Grands Chelems dans son histoire.

27
JUILLET

6 h 17 21 h 37

Ste Nathalie

FRANCE
RUGBY

FRANCE
RUGBY

Full house

Désigne la performance consistant pour un joueur à inscrire au cours d'une même rencontre au moins un essai, un drop, une pénalité et une transformation.

28
JUILLET
6 h 18 21 h 35
St Samson

FRANCE
RUGBY

FRANCE
RUGBY

Walter Spanghero

Deuxième ou troisième ligne, sélectionné 51 fois en équipe de France, il a remporté 3 Tournois des Cinq Nations, dont 1 Grand Chelem.

FRANCE
RUGBY

FRANCE
RUGBY

« Cela peut paraître con, mais le rugby est un sport intelligent. »

– Bernard Laporte

30
JUILLET
6 h 21 21 h 33
Ste Juliette

FRANCE
RUGBY

HISTOIRE

FRANCE RUGBY

Les rubans de la mémoire, mémorial dédié à la mémoire des joueurs de rugby morts pendant la Première Guerre mondiale, a été sculpté par Jean-Pierre Rives.

31
JUILLET
6 h 22 21 h 31
St Ignace de Loyola

FRANCE
RUGBY

CHIFFRE

FRANCE
RUGBY

21

Le nombre de titres du Stade Toulousain en première division. Un record pour le championnat de France.

1er
AOÛT

6 h 23 – 21 h 30

Fête nat. Suisse
St Alphonse

FRANCE
RUGBY

FRANCE
RUGBY

L'Australie a remporté la Coupe du monde 1999 en battant la France en finale (35-12).

2
AOÛT
6 h 25 21 h 28
St Julien

FRANCE
RUGBY

FRANCE
RUGBY

En 2001, l'Angleterre a inscrit un total de 229 points dans le Tournoi masculin. Un record.

3
AOÛT
6 h 26 21 h 27
Ste Lydie

FRANCE
RUGBY

FRANCE RUGBY

Drop

Action dans laquelle le ballon est lâché des mains et frappé du pied juste après son rebond au sol.

4
AOÛT
6 h 27 21 h 25
St Jean-Marie Vianney

FRANCE
RUGBY

JOUEUR

FRANCE RUGBY

Serge Blanco

Surnommé le « Pelé du rugby », l'arrière détient le record du nombre d'essais inscrits en équipe de France (38), dont un mémorable à la dernière seconde de la demi-finale de la Coupe du monde 1987, face à l'Australie (30-24).

5
AOÛT
6 h 29 21 h 24
St Abel

FRANCE
RUGBY

CITATION

FRANCE RUGBY

« L'arbitre ? Quelqu'un qui connaît trop bien les règles pour des joueurs qui ne les connaissent pas assez. »
– Pierre Albaladejo

6
AOÛT
6 h 30 21 h 22
St Octavien

FRANCE
RUGBY

HISTOIRE

FRANCE RUGBY

Le plus vieux club de rugby au monde est celui de Blackheath. Créé en 1858, il affronte le club de Richmond deux fois par an depuis 1863.

7
AOÛT
6 h 31 21 h 21
St Gaétan

FRANCE
RUGBY

CHIFFRE

FRANCE
RUGBY

99

Le nombre de points inscrits par les Bleus lors d'une rencontre face au Brésil (99-7 en 1974). Ce match n'étant pas officiel, ce record non plus !

8

AOÛT

6 h 33 21 h 19

St Dominique

FRANCE
RUGBY

FRANCE RUGBY

La Nouvelle-Zélande est la seule équipe masculine à avoir inscrit plus de 2000 points en Coupe du monde.

9

AOÛT

6 h 34 21 h 17

St Amour

FRANCE
RUGBY

TOURNOI

FRANCE
RUGBY

L'Irlandais Brian O'Driscoll détient le record du nombre d'essais inscrit dans le Tournoi des Six Nations (26).

10
AOÛT

6 h 36 21 h 16

St Laurent

FRANCE
RUGBY

FRANCE
RUGBY

Chandelle

Se dit d'un ballon tapé très haut pour laisser le temps à ses coéquipiers d'arriver au point de chute.

11
AOÛT
6 h 37 21 h 14
Ste Claire

FRANCE
RUGBY

JOUEUR

FRANCE RUGBY

Keith Wood

Talonneur irlandais, leader emblématique du pack, il a inscrit 4 essais lors d'un match de la Coupe du monde, en 1999.

12
AOÛT

6 h 38 21 h 12

Ste Clarisse

FRANCE
RUGBY

CITATION

FRANCE
RUGBY

« Ces Britanniques vous ont emmerdés pendant cent ans, vous pouvez bien tenir cinq minutes. »

– Jean Prat

13
AOÛT

6 h 40 21 h 10

St Hippolyte

FRANCE
RUGBY

FRANCE RUGBY

Les premiers ballons étaient confectionnés avec une vessie de porc.

14
AOÛT
6 h 41 21 h 09
St Évrard

FRANCE
RUGBY

CHIFFRE

FRANCE RUGBY

5

Le Samoan Brian Lima et les Italiens Mauro Bergamasco et Sergio Parisse ont participé à 5 Coupes du monde.

15

AOÛT

6 h 43 21 h 07

Assomption • Ste Marie

FRANCE
RUGBY

FRANCE
RUGBY

Le ballon officiel de la Coupe du monde 2011, fabriqué spécialement pour l'occasion, se nommait « Virtuo ».

16
AOÛT
6 h 44 21 h 05
St Armel, St Roch

FRANCE
RUGBY

TOURNOI

FRANCE RUGBY

Le Français Philippe Sella a participé à 13 Tournois des Cinq Nations masculin.

17 AOÛT

6 h 45 21 h 03

Ste Jeanne

FRANCE
RUGBY

FRANCE RUGBY

Raffut

Action qui consiste à repousser un adversaire avec la main ouverte et le bras tendu. L'autre main tient le ballon.

18
AOÛT
6 h 47 21 h 01
Ste Hélène

FRANCE
RUGBY

JOUEUR

FRANCE
RUGBY

Guy Boniface

Surnommé « La Souris », il a joué au côté de son frère à 18 reprises en équipe de France. Il est tragiquement décédé lors d'un accident de voiture, à l'âge de 30 ans.

19
AOÛT

6 h 48 20 h 59

St Jean Eudes

FRANCE
RUGBY

CITATION

FRANCE
RUGBY

« C'était ça qui était bien au rugby, chacun pouvait y trouver sa place, le trapu taciturne comme l'échalas expansif. Dans ce sens, Benoît aimait à dire que, de tous les sports collectifs, le rugby était de loin le plus démocratique. »

– Pascal Dessaint

20
AOÛT
6 h 50 20 h 58
St Bernard

FRANCE
RUGBY

FRANCE RUGBY

Ce n'est qu'en 1968 que les remplacements ont été autorisés en cours de match.

FRANCE
RUGBY

CHIFFRE

FRANCE RUGBY

69

Le nombre d'essais inscrits par le Japonais Daisuke Ohata en sélection, un record. Le deuxième est Bryan Habana avec 67 essais.

22
AOÛT
6 h 52 20 h 54
St Fabrice

FRANCE
RUGBY

FRANCE
RUGBY

L'équipe d'Angleterre féminine a perdu en finale à six reprises tandis que la France ne s'est jamais qualifiée pour la finale, atteignant les demi-finales à huit reprises.

23
AOÛT
6 h 54 20 h 52
Ste Rose

FRANCE
RUGBY

TOURNOI

FRANCE RUGBY

Le Trophée Auld Alliance est remis depuis 2018 au vainqueur du match opposant l'Écosse et la France, dans le cadre du Tournoi des Six Nations masculin. Il rend hommage aux joueurs français et écossais morts lors de la Première Guerre mondiale.

24
AOÛT

6 h 55 20 h 50

St Barthélemy

FRANCE
RUGBY

FRANCE RUGBY

Grand Chelem

Performance consistant pour un des participants au Tournoi des Six Nations à remporter tous ses matches au cours d'une même édition.

FRANCE
RUGBY

JOUEUR

FRANCE
RUGBY

Romain Ntamack

Fils d'Émile, il a été champion du monde junior en 2018 et vainqueur du Grand Chelem en 2022.

26
AOÛT
6 h 58 20 h 46
Ste Natacha

FRANCE
RUGBY

CITATION

FRANCE RUGBY

« Un pilier dans une mêlée,
c'est comme un pilier de cathédrale.
S'il s'effrite, c'est tout l'édifice qui s'effrite. »
– Jean-Pierre Garuet

27
AOÛT

7 h 00 20 h 44

Ste Monique

FRANCE
RUGBY

FRANCE
RUGBY

Emily Valentine est la première joueuse de rugby de l'histoire. Pourtant, son histoire n'a été connue qu'en 2010 !

FRANCE
RUGBY

CHIFFRE

FRANCE RUGBY

100

Nigel Owens a arbitré 100 rencontres internationales. Un record.

29
AOÛT
7h02 20h40
Ste Sabine

FRANCE
RUGBY

COUPE DU MONDE

FRANCE
RUGBY

Le All Black Jonah Lomu et le Sud-Africain Bryan Habana sont les meilleurs marqueurs d'essais de l'histoire de la Coupe du monde avec 15 réalisations chacun.

30
AOÛT
7 h 04 20 h 38
St Fiacre

FRANCE
RUGBY

FRANCE
RUGBY

L'Italie a perdu toutes ses rencontres du Tournoi masculin entre 2016 et 2021.

31
AOÛT
7 h 05 20 h 36
St Aristide

FRANCE
RUGBY

ENCYCLOPÉDIE

FRANCE RUGBY

Carton jaune

Quand un joueur reçoit un carton jaune, il est exclu temporairement 10 minutes.

1er SEPTEMBRE

7 h 07 — 20 h 34

St Gilles

FRANCE
RUGBY

JOUEUR

FRANCE
RUGBY

Francois Pienaar

Capitaine de l'Afrique du Sud en 1995, il a emmené cette année-là son équipe au titre mondial. C'est Nelson Mandela qui lui a remis le trophée.

2
SEPTEMBRE
7 h 08 20 h 32
Ste Ingrid

FRANCE
RUGBY

CITATION

FRANCE
RUGBY

« Je préfère ceux qui chantent
sur le terrain que ceux
qui chantent sous la douche. »
– André Boniface

3
SEPTEMBRE
7 h 09 20 h 30
St Grégoire

FRANCE
RUGBY

HISTOIRE

FRANCE
RUGBY

Jonah Lomu

Ailier emblématique de la Nouvelle-Zélande, il a été la première star mondiale du rugby. Il a même eu plusieurs jeux vidéo à son nom !

4
SEPTEMBRE
7 h 11 20 h 28
Ste Rosalie

FRANCE
RUGBY

CHIFFRE

FRANCE RUGBY

73

En 2017, la Nouvelle-Zélande a battu l'Angleterre 41-32 en finale de la Coupe du monde de rugby, soit un total cumulé de 73 points !

5

SEPTEMBRE

7 h 12 20 h 26

Ste Raïssa

FRANCE
RUGBY

COUPE DU MONDE

FRANCE
RUGBY

La finale de la Coupe du monde de rugby 2022 entre la Nouvelle-Zélande et l'Angleterre (34-31) a réuni 42 579 spectateurs à l'Eden Park, à Auckland. Un record chez les femmes.

6
SEPTEMBRE
7 h 14 20 h 23
St Bertrand

FRANCE
RUGBY

FRANCE
RUGBY

Le Gallois Mervyn Davies a remporté le Tournoi des Cinq Nations à 7 reprises, en 8 participations.

7
SEPTEMBRE

7 h 15 20 h 21

Ste Reine

FRANCE
RUGBY

FRANCE
RUGBY

Cuillère de bois

Trophée symbolique attribué à l'équipe ayant perdu tous ses matches au cours du Tournoi des Six Nations.

8
SEPTEMBRE
7 h 17 20 h 19
St Adrien

FRANCE
RUGBY

FRANCE RUGBY

Jean-Pierre Rives

Surnommé « Casque d'or », ce troisième ligne a été élu meilleur joueur français à 3 reprises. Il a été intronisé au Temple de la renommée World Rugby du rugby en 1997.

9
SEPTEMBRE
7 h 18 20 h 17
St Alain

FRANCE
RUGBY

CITATION

FRANCE RUGBY

« Ou vous arrêtez, ou on continue. »
– Benoît Dauga

10
SEPTEMBRE
7 h 19 20 h 15
Ste Inès

FRANCE
RUGBY

FRANCE RUGBY

Dans sa chanson *Vive le XV*, Pierre Perret imaginait une victoire de l'équipe de France 60 à 3 contre l'Écosse, dans le cadre du Tournoi masculin.

11
SEPTEMBRE

7 h 21 20 h 13

St Adelphe

FRANCE
RUGBY

FRANCE
RUGBY

118

Cela fait 118 ans que la Nouvelle-Zélande est invaincue face à l'Écosse.

12
SEPTEMBRE
7h22 20h11
St Apollinaire

FRANCE
RUGBY

FRANCE
RUGBY

En 1995, le Japon et la Nouvelle-Zélande se sont affrontés en Coupe du monde. Résultat ? Une victoire 145-17 pour les All Blacks, un record dans la compétition.

13
SEPTEMBRE
7 h 24 20 h 09
St Aimé

FRANCE
RUGBY

FRANCE
RUGBY

Il n'y a eu aucun vainqueur en 1972, toutes les rencontres du Tournoi masculin ne s'étant pas déroulées.

14
SEPTEMBRE
7h25 20h07
Croix glorieuse

FRANCE
RUGBY

ENCYCLOPEDIE

FRANCE
RUGBY

50:22

Si l'équipe en possession du ballon botte celui-ci de l'intérieur de sa propre moitié de terrain indirectement en touche à l'intérieur des 22 mètres adverses, elle effectuera le lancer.

15
SEPTEMBRE
7 h 26 20 h 04
St Roland

FRANCE
RUGBY

JOUEUR

FRANCE RUGBY

Armand Vaquerin

Pilier gauche, il a remporté dix titres de champion de France avec son club de l'AS Béziers dans les années 1970.

16
SEPTEMBRE
7 h 28 20 h 02
Ste Édith

FRANCE
RUGBY

CITATION

FRANCE
RUGBY

« Ce qu'on appelle un bobo chez nous, c'est une blessure dans les autres sports. »
– Olivier Brouzet

17
SEPTEMBRE
7 h 29 20 h 00
St Renaud

FRANCE
RUGBY

HISTOIRE

FRANCE
RUGBY

Un Anglais, William Crichton,
et un Américain, Allan Muhr,
ont disputé la 1re rencontre
internationale de l'équipe de France
en 1906.

18
SEPTEMBRE

7 h 31 19 h 58

Ste Nadège

FRANCE
RUGBY

CHIFFRE

FRANCE
RUGBY

14

Le nombre de victoires consécutives
de l'équipe de France,
du 6 novembre 2021 au 5 février 2023.

19
SEPTEMBRE
7 h 32 19 h 56
Ste Émilie

FRANCE
RUGBY

FRANCE RUGBY

En 1987, les trois équipes à égalité dans la poule C, Argentine, Fidji et Italie, ont été départagées à la différence de points particulière. À ce petit jeu, ce sont les Fidji qui ont gagné !

20 SEPTEMBRE

7 h 34 19 h 54

St Jean-Charles

FRANCE
RUGBY

FRANCE RUGBY

L'Angleterre et le pays de Galles ont remporté le Tournoi à 39 reprises.

21
SEPTEMBRE

7 h 35 19 h 52

St Matthieu

FRANCE
RUGBY

FRANCE
RUGBY

Crunch

Match opposant l'Angleterre et la France dans le cadre du Tournoi des Six Nations.

22
SEPTEMBRE
7 h 36 19 h 49
Automne • St Maurice

FRANCE
RUGBY

JOUEUR

FRANCE RUGBY

John PR Williams

Arrière gallois, il a remporté 8 Tournois des Cinq Nations masculin, dont 3 Grands Chelems. Il est considéré comme l'un des meilleurs arrières de l'histoire.

23
SEPTEMBRE

7 h 38 19 h 47

St Constant

FRANCE
RUGBY

CITATION

FRANCE
RUGBY

« Il vaut mieux être hors-jeu que hors du jeu. »
– Jean-Pierre Rives

24
SEPTEMBRE
7 h 39 19 h 45
St Anatole

FRANCE
RUGBY

L'équipe de France féminine a obtenu sa plus large victoire contre le Japon (99-0) en 1994.

25
SEPTEMBRE
7 h 41 19 h 43
St Hermann

FRANCE
RUGBY

CHIFFRE

FRANCE
RUGBY

120

En 2003, l'équipe de France de rugby à XIII a remporté son match face à la Serbie-Monténégro 120-0 lors de la Coupe Méditerranéenne.

26
SEPTEMBRE

7 h 42 19 h 41

St Côme, St Damien

FRANCE
RUGBY

COUPE DU MONDE

FRANCE
RUGBY

Le Japon s'est qualifié pour la première fois pour les quarts de finale de la Coupe du monde en 2019, remportant au passage ses premières victoires face à l'Irlande et à l'Écosse.

27
SEPTEMBRE

7 h 44 19 h 39

St Vincent de Paul

FRANCE
RUGBY

TOURNOI

FRANCE
RUGBY

En 2015, l'Angleterre a battu la France 55-35. Douze essais ont été inscrits au cours de cette rencontre.

28
SEPTEMBRE

7 h 45 19 h 37

St Venceslas

FRANCE
RUGBY

FRANCE
RUGBY

Petit côté

Lors d'une phase d'attaque,
c'est la partie du terrain la plus étroite.

29
SEPTEMBRE
7 h 47 19 h 35
St Michel, St Gabriel

FRANCE
RUGBY

JOUEUR

FRANCE
RUGBY

Abdelatif Benazzi

Deuxième ligne, il compte 1 sélection en équipe nationale du Maroc et 78 chez les Bleus !
Son essai face à l'Afrique du Sud en demi-finale de la Coupe du monde 1995 a été injustement refusé.

30
SEPTEMBRE
7 h 48 19 h 32
St Jérôme

FRANCE
RUGBY

CITATION

FRANCE
RUGBY

« Je n'ai pas beaucoup parlé dans ma carrière. Mais certains de mes regards équivalaient à des marrons. »

– Jean-Pierre Garuet

1er
OCTOBRE

7 h 49 19 h 30

Ste Thérèse de l'Enfant Jésus

FRANCE
RUGBY

HISTOIRE

FRANCE
RUGBY

En 1994, l'équipe de France a remporté sa série de test-matches en Nouvelle-Zélande. Elle y inscrivit « l'essai du bout du monde ».

2
OCTOBRE

7 h 51 19 h 28

St Léger

FRANCE
RUGBY

CHIFFRE

FRANCE
RUGBY

24

Le record d'essais inscrits par un seul joueur lors d'une saison de championnat de France. C'est l'Anglais Chris Ashton qui a réalisé cette performance en 2018.

3
OCTOBRE
☀ 7 h 52 ⛅ 19 h 26
St Gérard

FRANCE
RUGBY

FRANCE
RUGBY

Le Néo-Zélandais Jonah Lomu a inscrit 4 essais face à l'Angleterre en demi-finale de la Coupe du monde 1995.

4
OCTOBRE
7 h 54 19 h 24
St François d'Assise

FRANCE
RUGBY

TOURNOI

FRANCE
RUGBY

La France a terminé à la dernière place du Tournoi des Six Nations en 2013.

5
OCTOBRE
7h55 19h22
Ste Fleur

FRANCE
RUGBY

FRANCE RUGBY

Grand côté

Lors d'une phase d'attaque, c'est la partie du terrain la plus large.

6
OCTOBRE
7 h 57 19 h 20
St Bruno

FRANCE
RUGBY

JOUEUR

FRANCE
RUGBY

Brian Lima

Joueur samoan, il était surnommé « Le Chiropracteur » pour la puissance de ses plaquages. Il fut l'un des rares joueurs d'une petite nation à avoir intégré le Temple de la renommée World Rugby, en 2011.

7
OCTOBRE
7 h 58 19 h 18
St Serge

FRANCE
RUGBY

CITATION

FRANCE
RUGBY

« Pour nous, Écossais, battre les Français est un grand plaisir. Mais battre les Anglais, c'est un devoir national. »
– Finlay Calder

8
OCTOBRE
8 h 00 19 h 16
Ste Pélagie

FRANCE
RUGBY

HISTOIRE

FRANCE
RUGBY

L'équipe de France féminine a remporté 6 fois le Tournoi des Six Nations, réalisant le Grand Chelem à 5 reprises.

9
OCTOBRE
8h01 19h14
St Denis

FRANCE
RUGBY

CHIFFRE

FRANCE RUGBY

50

Le nombre de matches disputés par Philippe Sella dans le Tournoi des Cinq Nations.

10

OCTOBRE

8 h 03 19 h 12

St Hugo

FRANCE
RUGBY

FRANCE
RUGBY

En 2003, l'Australie a gagné 142-0 son 3e match de Coupe du monde face à la Namibie. C'est le plus grand écart de l'histoire de la compétition.

11
OCTOBRE
8h04 19h10
St Firmin

FRANCE
RUGBY

TOURNOI

FRANCE
RUGBY

En 2000 et en 2001, l'Espagne a remplacé l'Irlande dans le cadre du Tournoi des Six Nations féminin.

12
OCTOBRE

8 h 06 19 h 08

St Wilfried

FRANCE
RUGBY

FRANCE
RUGBY

Demi de mêlée

Le numéro 9, chargé de mettre le ballon en jeu dans une mêlée et de lancer les trois-quarts.

13
OCTOBRE
8 h 07 19 h 06
St Géraud

FRANCE
RUGBY

JOUEUR

FRANCE RUGBY

Sébastien Chabal

Ce troisième ligne, surnommé « Cartouche » pour ses plaquages dévastateurs, était célèbre pour son look.

14
OCTOBRE
8 h 09 19 h 04
St Céleste

FRANCE
RUGBY

CITATION

FRANCE
RUGBY

« Il y a dans les mains ouvertes du sauteur, de la prière et du désir. Cet envol, parfois plein d'élégance, fait un beau contraste avec l'activité souvent ténébreuse des hommes qui sont restés à terre. »

– Antoine Blondin

15
OCTOBRE

8 h 10 19 h 02

Ste Thérèse d'Avila

FRANCE
RUGBY

HISTOIRE

FRANCE
RUGBY

Une Coupe d'Europe des clubs a été créée en 1995, mais sans les clubs anglais et écossais.

16
OCTOBRE

8 h 12 19 h 00

Ste Edwige

FRANCE
RUGBY

CHIFFRE

FRANCE RUGBY

7

Le nombre de joueurs à avoir inscrit un *full house* en équipe de France.

17 OCTOBRE

8 h 13 — 18 h 58

St Baudouin

FRANCE
RUGBY

COUPE DU MONDE

FRANCE
RUGBY

Le Néo-Zélandais Marc Ellis détient le record du nombre d'essais inscrits par un seul joueur lors d'une rencontre de Coupe du monde (6). C'était face au Japon, en 1995.

18
OCTOBRE

8 h 15 18 h 56

St Luc

FRANCE
RUGBY

TOURNOI

FRANCE
RUGBY

Le Trophée Eurostar est remis au vainqueur du Crunch, le match entre la France et l'Angleterre, depuis 2000.

19
OCTOBRE

8h16 18h54

St René

FRANCE
RUGBY

ENCYCLOPÉDIE

FRANCE
RUGBY

Cuillère

Action pour un défenseur de se jeter et taper du bout des doigts un des deux pieds du joueur adverse pour le rabattre vers l'autre, provoquant un croche-pied.

20
OCTOBRE

8 h 18 18 h 52

Ste Adeline

FRANCE
RUGBY

JOUEUR

FRANCE
RUGBY

Christian Califano

Ce pilier compte 72 sélections en équipe de France, avec qui il a remporté 2 Grands Chelems. Il a été le premier français à jouer en Nouvelle-Zélande.

21
OCTOBRE

8 h 20 18 h 50

Ste Céline

FRANCE
RUGBY

FRANCE
RUGBY

« Au rugby, un caramel
c'est pas une friandise. »
– Fabien Galthié

22
OCTOBRE
8 h 21 18 h 48
Ste Élodie

FRANCE
RUGBY

FRANCE RUGBY

Alun Wyn Jones est le joueur le plus capé de l'histoire du rugby mondial. Depuis 2006, il a disputé 158 matches avec sa sélection nationale, le pays de Galles.

23
OCTOBRE

8 h 23 18 h 47

St Jean de Capistran

FRANCE
RUGBY

CHIFFRE

FRANCE
RUGBY

1598

Le nombre de points inscrits en équipe nationale par le Néo-Zélandais Dan Carter, recordman mondial.

24
OCTOBRE

8h24 18h45

St Florentin

FRANCE
RUGBY

COUPE DU MONDE

FRANCE
RUGBY

Lors de la première Coupe du monde en 1987, il n'y a pas eu de qualification. Les seize équipes présentes étaient membres de l'IRB ou bien invitées.

25
OCTOBRE

8 h 26 18 h 43

St Crépin

FRANCE
RUGBY

TOURNOI

FRANCE
RUGBY

Depuis 2008, il existe un Tournoi des Six Nations pour les joueurs de moins de 20 ans.

26
OCTOBRE
7 h 27 17 h 41
St Dimitri

FRANCE
RUGBY

FRANCE
RUGBY

Cravate

Plaquage haut, à hauteur de la gorge. Le défenseur place son bras autour de la gorge de l'attaquant, comme une cravate. C'est évidemment interdit !

27
OCTOBRE
7 h 29 17 h 39
Ste Émeline

FRANCE
RUGBY

FRANCE RUGBY

Antoine Dupont

Demi de mêlée, surnommé « le Ministre de l'Intérieur », il a été élu meilleur joueur du monde 2021. Il a également été élu meilleur joueur du Tournoi des Six Nations en 2020, en 2022, année où il gagne le Grand Chelem, et en 2023.

28
OCTOBRE
7 h 30 17 h 38
St Jude, St Simon

FRANCE
RUGBY

CITATION

FRANCE RUGBY

« Il serait souhaitable que l'arbitre ait la vue perçante et l'ouïe faible. »

– Charles Gondouin

29 OCTOBRE

☀ 7 h 32 ☀ 17 h 36

St Narcisse

FRANCE
RUGBY

FRANCE
RUGBY

Le film *Allez France !*, sorti en 1964, raconte l'histoire de Henri, un Français cherchant son chemin chez le dentiste après avoir perdu 2 dents au cours du match Angleterre-France à Twickenham.

30
OCTOBRE

7 h 34 17 h 34

Ste Bienvenue

FRANCE
RUGBY

CHIFFRE

FRANCE
RUGBY

38

Serge Blanco a inscrit 38 essais avec l'équipe de France. Personne n'a fait mieux que lui jusqu'à présent.

31
OCTOBRE

7 h 35 17 h 32

St Quentin • Halloween

FRANCE
RUGBY

FRANCE
RUGBY

Face à l'Italie en 1999, la Nouvelle-Zélande a inscrit 14 essais (victoire 101-3).

1er
NOVEMBRE
7 h 37 17 h 31
Toussaint

FRANCE
RUGBY

FRANCE RUGBY

L'Angleterre a remporté 7 Tournois des Six Nations féminin consécutivement entre 2006 et 2012, échouant dans la conquête du Grand Chelem à une seule reprise (2009).

2
NOVEMBRE
7 h 38 17 h 29
Défunts

FRANCE
RUGBY

FRANCE RUGBY

Chistera

Passe effectuée avec le ballon placé à l'arrière de la main ou dans le dos.

3 NOVEMBRE

7 h 40 17 h 28

St Hubert

FRANCE
RUGBY

JOUEUR

FRANCE RUGBY

François Moncla

Troisième ligne aile, il compte 31 sélections en équipe de France entre 1956 et 1961, et a remporté 3 Tournois des Cinq Nations.

4

NOVEMBRE

7 h 42 17 h 26

St Charles

FRANCE
RUGBY

CITATION

FRANCE
RUGBY

« En rugby, il y a ceux qui jouent du piano
et ceux qui les déménagent. »
– Pierre Danos

5
NOVEMBRE
7 h 43 17 h 24
Ste Sylvie

FRANCE
RUGBY

HISTOIRE

FRANCE
RUGBY

Jusqu'en 2006, l'Irlande jouait à Lansdowne Road. Ce stade avait la particularité d'avoir une ligne de chemin de fer passant sous la tribune présidentielle.

6
NOVEMBRE
7 h 45 17 h 23
St Léonard

FRANCE
RUGBY

CHIFFRE

FRANCE RUGBY

18

Le nombre de matches qu'a disputé Raphaël Ibañez en Coupe du monde.

7

NOVEMBRE

7 h 46 17 h 21

Ste Karine

FRANCE
RUGBY

COUPE DU MONDE

FRANCE
RUGBY

Jonny Wilkinson a inscrit 8 drops lors de la Coupe du monde 2003. Un record.

8
NOVEMBRE

7 h 48 17 h 20

St Geoffroy

FRANCE
RUGBY

TOURNOI

FRANCE
RUGBY

La France et l'Angleterre n'ont jamais obtenu la cuillère de bois dans le Tournoi féminin.

9
NOVEMBRE

7 h 50 17 h 19

St Théodore

FRANCE
RUGBY

ENCYCLOPÉDIE

FRANCE
RUGBY

Transformation

Coup de pied posé faisant suite à un essai.
Si le ballon passe entre les poteaux,
l'équipe inscrit 2 points supplémentaires.

10
NOVEMBRE

7 h 51 17 h 17

St Léon

FRANCE
RUGBY

JOUEUR

FRANCE
RUGBY

Gavin Hastings

Demi d'ouverture, il est considéré comme l'un des plus grands joueurs écossais de l'histoire.

11
NOVEMBRE

7 h 53 17 h 16

Armistice 1918

FRANCE
RUGBY

CITATION

FRANCE
RUGBY

« Le rugby ne se joue pas en 2 mais en 3 temps :
Avant, la ferveur ; pendant, la bravoure ;
après, la fraternité. »

– René Crabos

12
NOVEMBRE

7 h 54 17 h 15

St Christian

FRANCE
RUGBY

HISTOIRE

FRANCE RUGBY

La chanson *Swing Low Swing Chariot*, que l'on entend parfois à Twickenham, a été chantée pour la première fois en 1987 en l'honneur de Chris Oti.

13

NOVEMBRE

7 h 56 17 h 13

St Brice

FRANCE
RUGBY

CHIFFRE

FRANCE
RUGBY

20

La Néo-Zélandaise Portia Woodman a inscrit 20 essais en 2 Coupes du monde. Elle en a inscrit 8 au cours d'une seule rencontre en 2017, face à Hong Kong, Chine (121-0).

14
NOVEMBRE

7 h 57 – 17 h 12

St Sidoine

FRANCE
RUGBY

COUPE DU MONDE

FRANCE
RUGBY

En 2011, la France est devenue la première nation à se qualifier pour la phase éliminatoire de la Coupe du monde en ayant perdu 2 rencontres lors de la phase de poules.

15
NOVEMBRE

☀ 7 h 59 ☀ 17 h 11

St Albert

FRANCE
RUGBY

FRANCE
RUGBY

L'Écossais George Lindsay détient le record du nombre d'essais marqués par un joueur pendant un match du Tournoi (5) contre le pays de Galles, en 1887.

16
NOVEMBRE
8 h 01 17 h 10
Ste Marguerite

FRANCE
RUGBY

FRANCE
RUGBY

Aller en terre promise ou Aller à dame

Expression synonyme d'inscrire un essai. La terre promise est une métaphore biblique, et la dame fait référence au jeu de société.

17
NOVEMBRE
8 h 02 17 h 08
Ste Élisabeth

FRANCE
RUGBY

JOUEUR

FRANCE RUGBY

Thierry Lacroix
Demi d'ouverture, il a participé à la Coupe du monde 1991 et terminé meilleur marqueur de l'édition 1995 avec 112 points.

18
NOVEMBRE
8 h 04 17 h 07
Ste Aude

FRANCE
RUGBY

CITATION

FRANCE
RUGBY

« Au début, mon frère s'intéressait beaucoup au football, j'ai mis bon ordre à cette déviation culturelle. »

– André Herrero

19
NOVEMBRE

8 h 05 17 h 06

St Tanguy

FRANCE
RUGBY

HISTOIRE

FRANCE RUGBY

En 1997 est sorti Jonah Lomu Rugby, considéré comme le meilleur jeu vidéo de rugby de l'histoire.

20 NOVEMBRE

8 h 07 17 h 05

St Edmond

FRANCE
RUGBY

FRANCE RUGBY

58

En 2017, Colin Stanley a joué avec l'Arabie saoudite alors qu'il était âgé de 58 ans et 116 jours. C'est le plus vieux joueur à avoir disputé une rencontre internationale.

FRANCE
RUGBY

COUPE DU MONDE

FRANCE
RUGBY

Le premier match de l'histoire
de la Coupe du monde a été remporté
par la Nouvelle-Zélande face à l'Italie (70-6).
C'était le vendredi 22 mai 1987.

22
NOVEMBRE

8 h 10 17 h 03

Ste Cécile

FRANCE
RUGBY

TOURNOI

FRANCE RUGBY

Sur 15 Tournois des Six Nations des moins de 20 ans disputés, 7 ont été gagnés par l'Angleterre.

23
NOVEMBRE
8 h 11 17 h 02
St Clément

FRANCE
RUGBY

ENCYCLOPÉDIE

FRANCE RUGBY

Haka

Chant guerrier issu de la culture maorie.
Le plus connu est le Ka mate néo-zélandais.

24
NOVEMBRE
8 h 13 17 h 01
Ste Flora

FRANCE
RUGBY

JOUEUR

FRANCE
RUGBY

Jacques Fouroux

Surnommé « Le Petit Caporal », ce demi de mêlée était le capitaine de l'équipe de France victorieuse du Grand Chelem en 1977. Il a été l'un des plus grands joueurs français de l'histoire.

25
NOVEMBRE
8 h 14 17 h 01
Ste Catherine

FRANCE
RUGBY

CITATION

FRANCE
RUGBY

« Une seconde ligne, c'est un attelage !
Et tous les paysans vous diront
que les bœufs vont par paire. »
– Jean-Pierre Garuet

26
NOVEMBRE

8 h 15 17 h 00

Ste Delphine

FRANCE
RUGBY

HISTOIRE

FRANCE
RUGBY

En 2007, La Poste a édité un timbre à l'occasion de la Coupe du monde de rugby qui se déroulait en France. Il rendait hommage à Roger Couderc, célèbre commentateur des années 1950.

27
NOVEMBRE

8 h 17 16 h 59

St Virgile

FRANCE
RUGBY

CHIFFRE

FRANCE
RUGBY

100

Le record de points inscrits en une rencontre par une seule équipe dans l'histoire du championnat de France. C'était lors de Béziers-Montchanin (victoire de Béziers 100-0) en 1979.

28
NOVEMBRE
8 h 18 16 h 58
St Jacques de la Marche

FRANCE
RUGBY

COUPE DU MONDE

FRANCE
RUGBY

L'Australie, la France, la Nouvelle-Zélande et l'Afrique du Sud sont toujours sorties des phases de poules.

29
NOVEMBRE
8h19 16h58
St Saturnin

FRANCE
RUGBY

TOURNOI

FRANCE RUGBY

L'Italien Sergio Parisse a disputé 69 matches dans le Tournoi des Six Nations masculin. Un record.

30
NOVEMBRE

8 h 21 16 h 57

St André

FRANCE
RUGBY

FRANCE
RUGBY

Couloir

Lors d'une touche, les deux équipes se placent à 1 mètre l'une de l'autre et forment un « couloir », dans lequel le ballon est lancé.

1er
DÉCEMBRE
8 h 22 16 h 57
Ste Florence, St Éloi

FRANCE
RUGBY

JOUEUR

FRANCE
RUGBY

Yoshihiro Sakata

Ce japonais, considéré comme le meilleur ailier du monde à la fin des années 1960, a grandement aidé à développer le rugby dans son pays. Il est entré au Temple de la renommée World Rugby en 2012.

2
DÉCEMBRE
8 h 23 16 h 56
Ste Viviane

FRANCE
RUGBY

CITATION

FRANCE
RUGBY

« Les Anglais ne perdent jamais
mais parfois on les bat. »

– Jean-Pierre Rives

3
DÉCEMBRE

8 h 25 16 h 56

St François-Xavier

FRANCE
RUGBY

HISTOIRE

FRANCE
RUGBY

Depuis 1872, le Varsity Match oppose chaque année au mois de décembre les universités d'Oxford et de Cambridge. Chez les hommes, Cambridge mène d'une courte tête (64 victoires contre 62). Chez les femmes, c'est l'inverse (21 victoires à 13) !

4
DÉCEMBRE

8 h 26 16 h 55

Ste Barbara, Ste Barbe

FRANCE
RUGBY

CHIFFRE

FRANCE
RUGBY

89 267

Le nombre de spectateurs qui ont assisté à la rencontre entre l'Irlande et la Roumanie en 2015, plus haut total pour un match de Coupe du monde chez les hommes.

5
DÉCEMBRE
8 h 27 16 h 55
St Gérald

FRANCE
RUGBY

COUPE DU MONDE

FRANCE
RUGBY

En 2019, c'était la première fois qu'une équipe ayant terminé 2e de son groupe remportait le trophée. L'Afrique du Sud a ainsi gagné son 3e titre.

6
DÉCEMBRE
8 h 28 16 h 55
St Nicolas

FRANCE
RUGBY

TOURNOI

FRANCE
RUGBY

Le Tournoi des Six Nations féminin est composé des mêmes équipes que le Tournoi masculin depuis 2007.

7
DÉCEMBRE
8 h 29 16 h 54
St Ambroise

FRANCE
RUGBY

ENCYCLOPÉDIE

FRANCE
RUGBY

French Flair

Expression inventée par les Anglais pour parler des actions imprévisibles des Français. Ce sont des actions de génie.

8

DÉCEMBRE

8 h 30 16 h 54

Immaculée Conception

FRANCE
RUGBY

JOUEUR

FRANCE
RUGBY

Frédéric Michalak
Demi d'ouverture, c'est le meilleur marqueur de l'histoire l'équipe de France masculine (436 points).

9
DÉCEMBRE
8 h 32 16 h 54
St Pierre Fourier

FRANCE
RUGBY

CITATION

FRANCE RUGBY

« J'ai attendu 32 ans pour apprendre les règles du rugby. »

– Thierry Lacroix

10

DÉCEMBRE

8 h 33 16 h 54

Ste Eulalie

FRANCE
RUGBY

HISTOIRE

FRANCE
RUGBY

Le premier club de rugby non-européen
a été créé en 1861 à Montevideo, en Uruguay.

11
DÉCEMBRE

8 h 34 16 h 54

St Arthur, St Daniel

FRANCE
RUGBY

CHIFFRE

92

Le nombre de sélections de Laëtitia Salles en équipe de France féminine. C'est la joueuse la plus capée.

12
DÉCEMBRE
8 h 34 16 h 54
St Corentin

FRANCE
RUGBY

COUPE DU MONDE

FRANCE
RUGBY

L'affiche Angleterre - Nouvelle-Zélande est la plus disputée en finale de Coupe du monde chez les femmes. Elle a déjà eu lieu 5 fois ! La Nouvelle-Zélande s'est toujours imposée.

13
DÉCEMBRE

8 h 35 16 h 54

Ste Lucie

FRANCE
RUGBY

TOURNOI

FRANCE RUGBY

L'équipe de France détient le record du nombre de points inscrits pour une équipe battue dans le Tournoi masculin (35) !
C'est arrivé à deux reprises, face au pays de Galles en 2001 (43-35) et à l'Angleterre en 2015 (55-35).

14
DÉCEMBRE
8 h 36 16 h 54
Ste Odile

FRANCE
RUGBY

FRANCE
RUGBY

Arrêt-buffet

Plaquage puissant au niveau du torse qui stoppe net l'adversaire.

15
DÉCEMBRE
8 h 37 16 h 54
Ste Ninon

FRANCE
RUGBY

JOUEUR

FRANCE RUGBY

Thierry Dusautoir

Troisième ligne aile, surnommé « The Dark Destroyer », il compte 80 sélections en équipe de France. Il a été élu meilleur joueur du monde en 2011.

16
DÉCEMBRE
8 h 38 16 h 54
Ste Alice

FRANCE
RUGBY

CITATION

FRANCE
RUGBY

« En Nouvelle-Zélande l'ordre de priorité est :
1. le rugby, 2. le travail, 3. les femmes. »
– Peter Winterbottom

17
DÉCEMBRE
8 h 39 16 h 54
St Gaël

FRANCE
RUGBY

HISTOIRE

FRANCE
RUGBY

Cinq ans après la création du rugby, le nombre de joueurs est limité à 15 par équipe (1876).

18
DÉCEMBRE
8 h 39 16 h 55
St Gatien

FRANCE
RUGBY

CHIFFRE

FRANCE RUGBY

36

En 2011, Brad Thorn est devenu le plus vieux joueur à remporter une Coupe du monde (36 ans).

19
DÉCEMBRE
8 h 40 16 h 55
St Urbain

FRANCE
RUGBY

COUPE DU MONDE

FRANCE
RUGBY

Après 8 éditions, la Coupe du monde de rugby féminine devait se dérouler pour la première fois dans l'hémisphère sud en 2021. Cette édition s'est disputée… en 2022 !

20
DÉCEMBRE
8 h 41 16 h 56
St Isaac

FRANCE
RUGBY

FRANCE RUGBY

En 2004, l'Italie n'a inscrit que 42 points au cours des 5 matches du Tournoi masculin, soit une moyenne de 8,4 points par match.

FRANCE
RUGBY

ENCYCLOPÉDIE

FRANCE
RUGBY

Écran

Obstruction effectuée par un joueur qui passe devant un de ses coéquipiers et empêche l'adversaire de le plaquer.

22
DÉCEMBRE
8 h 42 16 h 56
Ste Françoise-Xavière

FRANCE
RUGBY

JOUEUR

FRANCE
RUGBY

Dave Gallaher

Il fut capitaine de l'équipe de Nouvelle-Zélande lors de la toute première tournée des All Blacks en Europe, en 1905 et 1906. Il meurt en Belgique au cours de la Première Guerre mondiale.

23
DÉCEMBRE

8 h 42 16 h 57

St Armand

FRANCE
RUGBY

CITATION

FRANCE
RUGBY

« L'Arms Park, c'est le stade du monde
où l'on se sent le plus petit. »
– Serge Blanco

24
DÉCEMBRE
8 h 43 16 h 58
Ste Adèle

FRANCE
RUGBY

HISTOIRE

FRANCE
RUGBY

Il a fallu attendre 1885 pour que les arbitres soient dotés d'un sifflet.

25
DÉCEMBRE
8 h 43 16 h 58
Noël

FRANCE
RUGBY

CHIFFRE

FRANCE
RUGBY

11

Le nombre d'essais inscrits par Michel Fabre lors de la victoire 100-0 de Béziers face à Montchanin, record dans l'histoire du championnat de France.

26
DÉCEMBRE

8 h 43 16 h 59

St Étienne

FRANCE
RUGBY

FRANCE
RUGBY

La Nouvelle-Zélande est l'équipe qui a joué le plus grand nombre de matches d'ouverture de la Coupe du monde (4) : en 1987, 1991, 2011 et 2023.

27
DÉCEMBRE
8 h 44 17 h 00
St Jean

FRANCE
RUGBY

FRANCE RUGBY

L'Angleterre a remporté le premier Tournoi des Cinq Nations masculin, en 1910.

28
DÉCEMBRE
8 h 44 17 h 00
Sts Innocents

FRANCE
RUGBY

FRANCE
RUGBY

Lions

Équipe composée des meilleurs joueurs d'Angleterre, d'Écosse, du pays de Galles et d'Irlande.

29
DÉCEMBRE
8 h 44 17 h 01
St David

FRANCE
RUGBY

JOUEUR

FRANCE
RUGBY

Nicolas Mas

Il détient le record du nombre de sélections pour un pilier français (85). Il a remporté le Grand Chelem en 2010.

30
DÉCEMBRE

8h44 17h02

St Roger

FRANCE
RUGBY

CITATION

FRANCE
RUGBY

« Demi de mêlée ? Un poste de synthèse. Ici, vous ne disposez pas des autres, vous êtes à la disposition des autres. »
– Pierre Berbizier

31
DÉCEMBRE
8 h 44 17 h 03
St Sylvestre

FRANCE
RUGBY